PAUL EUDEL

A Travers
la Bretagne

PARIS
PAUL OLLENDORFF, ÉDITEUR
28 bis, RUE DE RICHELIEU, 28 bis

1898
Tous droits réservés.

LK²
4454

A Travers

la Bretagne

OUVRAGES DU MÊME AUTEUR

En vente à la librairie Paul OLLENDORFF

———— ✠ ————

L'HOTEL DROUOT, une brochure in-18.

L'ARGOT DE SAINT-CYR, un volume in-18.

A LA BOURBOULE, un vol. in-18.

UN PEU DE TOUT, un volume in-12.

ÉVREUX, IMPRIMERIE DE CHARLES HÉRISSEY

PAUL EUDEL

A Travers la Bretagne

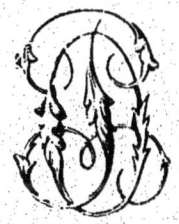

PARIS
PAUL OLLENDORFF, ÉDITEUR
28 bis, RUE DE RICHELIEU, 28 bis

1898
Tous droits réservés.

HOMMAGE A LA MÉMOIRE

DE

GUSTAVE GOUELLAIN

Le meilleur des amis

P. E.

A TRAVERS
LA BRETAGNE

DE SAVENAY A VANNES

Samedi 20 septembre.

Je vais en Bretagne avec les miens : un trio qui se quitte rarement.

Nous traversons Nantes par un temps couvert. Serait-ce un fâcheux présage ? Le soleil, qui met la joie au cœur et la gaieté en tête, est un si aimable compagnon de route !

Nantes est bâti sur une colline. Le train longe les quais, sillonnés de ruelles tortueuses et bordés çà et là de vieilles maisons élevées au temps de la Compagnie des Indes. Très belles, les façades de pierres sculptées, avec leurs balcons en fer forgé, supportés par des amours joufflus.

Jusqu'à Savenay, la voie est monotone. A peine l'ile d'Indret, avec ses hauts fourneaux qui jettent au ciel des panaches de fumée, mérite-t-elle un regard. C'est là qu'Alphonse Daudet a placé les principales scènes de son roman de *Jack*.

Le château de Nantes.

Savenay! la ville du massacre, le tombeau de l'insurrection vendéenne! En décembre 1793, Kléber et Marceau écrasèrent dans les faubourgs de la ville les derniers Chouans. Le docteur Guépin m'a conté que, le lendemain de la bataille, on jouait aux boules avec les têtes des victimes comme représailles des massacres de Machecoul, où des prisonniers furent enterrés vivants.

Savenay et Machecoul! deux antithèses sanguinaires, hécatombes sauvages, théâtres de férocités réciproques. Des pages à déchirer de l'histoire de France.

Le paysage change. On sent les approches de la vraie Bretagne. La voie, des deux côtés, est bordée de châtaigniers, qui donnent ces savoureux *bois verts* pouvant rivaliser avec les meilleurs marrons de Lyon. Nous traversons la Vilaine; j'ai roulé jadis en diligence sur le pont suspendu de la Roche-Bernard, qui coûta plus d'un million et sous lequel peuvent passer de très grands voiliers haut mâtés.

Redon. Redon! 45 minutes d'arrêt; buffet, buvette et tout le reste.

Les voyageurs sautent du wagon; mais ils disposent leurs petits bagages sur les banquettes en les disséminant de leur mieux. Il faut laisser croire que toutes les places sont occupées.

Très animés, très amusants ces buffets de gare qui voient, à des heures fixes, l'invasion de voyageurs pressés de s'asseoir, de manger, de repartir. Pas un instant à perdre. La vie à la vapeur.

Deux catégories de déjeuners; les prix sont affichés sur des pancartes blanches : la table aristocratique à 3 francs, la table réglementaire à 1 fr. 50. Celle-ci n'a que deux plats. La différence est plus apparente que réelle ; même vin bleu, même pain gris. C'est mauvais des deux côtés.

Sur la table, des tentations sollicitent les gourmets. Une corbeille contient de très petites fioles de cognac, de liqueurs ou de madère, bouchées avec des gobelets d'étain. Pour un franc, on peut s'offrir cet extra comme compagnon de route.

D'une voix de stentor, un employé, sur le seuil du buffet, lance les paroles solennelles : « Encore vingt minutes pour l'express de Vannes! » Le même employé reviendra dans cinq minutes crier : « En voiture, Messieurs les voyageurs! » Lequel des deux avertissements est le vrai ?

Quoi qu'il en soit, il faut se hâter, mettre les bouchées doubles. Le dîner achevé, on se lève, la face congestionnée, on jette ses dix centimes dans le chalet voisin, on regagne au pas de course son wagon, qu'on ne retrouve pas sans peine, car le train a manœuvré et s'est reformé pendant l'arrêt.

Autrefois ne valait-il pas mieux qu'aujourd'hui ? A la descente de la diligence, une bonne table d'hôte groupait les voyageurs devant des plats fumants ; le conducteur, obligé de manger lui-même au relais, permettait à tous de se garnir lentement l'estomac. En lui payant son café et le pousse-café, on gagnait bien encore cinq minutes.

Enfin nous nous sommes réinstallés tant bien que mal dans le wagon. De nouveaux venus, des fâcheux, à coup sûr, y ont pris place pendant notre absence. Chacun reprend son coin, s'y accote et regarde.

Rien n'est plus monotone qu'un voyage en chemin de fer. Devant les portières du wagon, le paysage défile trop vite pour attirer le regard ou passionner l'esprit. La tour romane de Saint-Sauveur est déjà loin. Saint-Jacut, Malansac, ne sont que des visions rapides et quelconques.

La fumée passe en gros flocons blancs devant les yeux. Bientôt la faculté de voir s'émousse par le retour continuel des mêmes aspects, du même paysage. L'œil devient atone. On finit par ne plus rien distinguer. On entend seulement le bruit assourdissant du train qui glisse sur les rails, les roues qui semblent faire : une! deux! comme des soldats à l'exercice, puis le ta ta ta ta, cliquetis cadencé des ressorts.

Le wagon? Tous les intérieurs se ressemblent. Au plafond du nôtre, voici la sonnette d'alarme qu'une forte amende et des poursuites judiciaires défendent contre des mains trop nerveuses. Voilà, sur deux lignes parallèles, les filets bourrés de petits colis, sacs de voyage, parapluies, couvertures, qui trahissent, par mille détails de soin ou d'arrangement, les goûts et les manies de leurs propriétaires.

L'égoïsme sévit en voyage. Chacun cherche d'abord un compartiment vide, — l'homme n'est pas fait pour vivre en société. Puis tous veulent accaparer la meilleure place; le côté du soleil en hiver, celui de l'ombre en été. La galanterie française s'efface devant cet axiome brutal : « La place appartient au premier occupant. » Croyez-moi, pas trop d'abnégation. Je sais ce qu'il m'en a coûté, une nuit, pour avoir cédé à des dames une excellente place à reculons. Je me suis trouvé sous le vent d'une fenêtre ouverte ; j'y ai gagné un bon mal de gorge qui m'a duré huit jours.

Les stations ? Toutes les mêmes.

D'un côté de la voie, une petite maison de briques à deux étages ; la salle commune au rez-de-chaussée ; le logement du chef de gare, au premier ; de l'autre côté, ouvert à tous les vents, un hangar qui sert de remise pour le matériel et abrite les voyageurs attendant le train, toujours avec impatience.

A l'approche de la gare, un homme d'équipe ouvre le disque. De distance en distance, le garde-barrière paraît, son drapeau rouge à la main ; il tend le bras : Donnez-vous la peine de passer, la voie est libre.

Que d'existences suspendues à ce simple geste !

Mais le train siffle, s'arrête ; c'est Questembert, un bourg du Morbihan. Le temps me manque pour aller voir le calvaire, les pignons sculptés, le trésor de la chapelle des Templiers, et le champ de bataille où les Bretons défirent les Normands au xie siècle.

Très vite, nous repartons. Le paysage a changé. Nous sommes bien maintenant dans la Bretagne bretonnante, car des deux côtés de la voie s'étendent de grandes landes incultes, avec leurs touffes d'ajoncs. A Elven, nous apparaît le premier chapeau breton un feutre à larges bords. Vient-il de Kerlo, le manoir du pays ?

Une tour haute et massive, vestige imposant d'un château féodal, s'aperçoit du train. La tour d'Elven, le plus beau donjon de la Bretagne, évoque d'autres souvenirs. Octave Feuillet y a placé les scènes les plus émouvantes de son *Roman d'un jeune homme pauvre*. Bien peu connu de la génération nouvelle, ce chef-d'œuvre littéraire ! Les

jeunes ne lisent guère que les produc-

Elven.

tions contemporaines, qui vieilliront comme les autres ; c'est la loi est fatale.

Mais la rapidité du voyage ne nous laisse guère le temps de réfléchir. Le train repart. Bientôt le coup de sifflet de l'arrivée fend l'air de son bruit strident.

Nous sommes à Vannes.

VANNES

20 septembre.

Nous rejoignons nos compagnons de voyage. Ce sont des Rouennais. Gustave G... est l'un des plus fins curieux que je connaisse. Il s'est attaché à la faïence de son pays. Il a su former une collection des plus belles dont toutes les pièces sont triées sur le volet. Mme G... et sa gracieuse et aimable fille Alice, fort distinguées toutes les deux de manières et d'esprit, pas difficiles à vivre et toujours de belle humeur, seront pour nous de charmantes compagnes de voyage.

En sortant de l'hôtel où nous sommes descendus, nous faisons ensemble, à pas lents, le tour de la ville, pour en avoir dans l'œil un cliché instantané.

Malgré les bâtisses neuves que l'on rencontre çà et là, la transformation de la vieille cité de Vannes en ville moderne s'éternisera. Les rues sont étroites et tortueuses. Je suis surtout frappé des costumes que j'y rencontre. Ni de Belle-Jardinière, ni de Bon-Marché, une couleur locale très tranchée.

Les hommes, à l'œil petit et pas expressif, sont coiffés d'un chapeau rond en paille tressée ou d'un feutre à larges bords, avec une ganse de velours qui s'enroule autour et retombe.

Rien de très caractéristique dans le costume sombre des femmes, sauf la petite coiffe serrée au front avec ses longues brides de mousseline brodée.

Les enfants portent le même ajustement que les grandes personnes. Ils ont l'air de poupées habillées. Les garçons avec leurs culottes longues, les petites filles surtout, avec leurs mouchoirs croisés, leurs coiffes et leurs robes démesurées, sont du plus curieux effet.

On rencontre ici une spécialité gastronomique, le gâteau vannetais. La forme est ronde. La pâte, comme celle de tous les gâteaux bretons, est lourde et sucrée, piquée de petits morceaux d'angélique.

La très ancienne *Tour du Connétable*, que le temps a recouverte de

Tour du Connétable, à Vannes.

lierre, se dresse au milieu de la ville. On parle de la démolir pour laisser passer une nouvelle percée. Ce serait un acte de vandalisme. Il ne s'accomplira pas. Nous comptons sur les protestations des archéologues.

La cathédrale ne pourrait prétendre à la première place parmi les belles églises de la Bretagne ; c'est un édifice très composite. A l'intérieur, une intéressante chapelle du xiiie siècle, le tombeau de saint Vincent Ferrier, missionnaire espagnol qui évangélisa le pays. Quelques curiosités : un bas-relief représentant la Cène, et dans la chapelle des Fonts baptismaux le chef du saint, conservé dans un reliquaire d'argent.

Le sacristain nous dit qu'un coffret du xiiie siècle, faisant partie du trésor, vient d'être vendu. Il oublie que les chapitres ne peuvent, sans autorisation préfectorale, aliéner le mobilier des églises. Partout, dans cette cathédrale, nos yeux sont offusqués par une profusion de statues polychromées venues de la rue du Vieux-Colombier à Paris. Le gothique industriel du quartier Saint-Sulpice a détrôné les vestiges de l'art des vieux imagiers et règne dans toute sa laideur.

C'est dimanche, aussi tous les magasins sont fermés à Vannes, ville pieuse. On pourrait se croire dans la puritaine Angleterre, avec cette différence que le gin dominical est remplacé par le cidre local ou par l'eau-de-vie de pomme.

Nous passons près de curieuses maisons avec des pignons en bois, des encorbellements à trompe, des carapaces d'ardoises et des balcons placés, non à l'extérieur, mais à l'intérieur. Rue Noé, une maison exhibe à l'encoignure, sculptées en ronde-bosse, deux figures grotesques qui ricanent en regardant les passants. Le peuple leur a donné un nom, il les appelle Vannes et sa femme.

Nous arrivons à l'hôtel de ville, dont la construction, ruineuse pour le budget de la cité bretonne, présente un échantillon très pur du style de 1885. Edifice du plus mauvais goût, malgré ses vastes proportions, et en dépit des cariatides placées dans les angles, qui voudraient lui donner un aspect monumental. Tout y est clinquant et faux : simili-marbre, simili-or, simili-mosaïque. Un seul but a été poursuivi : faire de l'effet. Si l'extérieur a la prétention de rappeler l'Hôtel de Ville de Paris, on se croirait, à l'intérieur, quand on arrive au sommet de l'escalier, transporté à l'Eden de la rue Boudreau ; dorure et peinture ont été prodiguées sans discernement.

Quelques toiles accrochées dans une salle de la maison commune forment un petit musée. « Vous allez voir un Delacroix, » nous dit le concierge avec orgueil. Notre curiosité s'éveille. Ce n'est, hélas ! qu'un mauvais Delacroix de 1835. De l'église Saint-Paterne on a transporté au musée le *Calvaire*, tableau où saint Jean et la Vierge pleurent ensemble. Il paraît que la Madeleine avait été trouvée trop décolletée par le clergé, et de nature à donner des distractions aux fidèles pendant les sermons.

Nous descendons jusqu'au port. La promenade de la Rabine a été plantée d'arbres assez beaux, et les boulevards, où les émigrés ont été fusillés, gardent leur aspect mélancolique.

Nous continuons à flâner çà et là. Rien ne nous presse, au surplus, de rentrer à l'hôtel ; il y a trop de puces sur les tapis, et certains endroits écartés où le tout à l'égout n'a jamais pénétré, paraissent tenus avec une malpropreté repoussante. Elle existe donc encore, la vieille hôtellerie de la *Dame de Monsoreau*, si bien décrite par Alexandre Dumas.

AURAY

21 septembre.

Nous descendons à l'hôtel Malezieux et nous nous promenons sur le Loch.

C'est le jour du marché. On commence à parler breton autour de nous. Hélas! *Nantanton Ket e brezonnet.* Curieuses, les vieilles halles basses, noires, avec leur aspect de granges. On accède aux greniers par un grand escalier tout rongé par la vétusté.

Les marchandes ne manquent pas d'originalité dans leurs costumes et dans leurs allures. Plusieurs vendent, dans de grandes ruches, du millet, de la farine de blé noir pour faire des galettes. L'une d'elles — détail caractéristique — fume une courte pipe. Toutes portent des capots de couleur. Les costumes des hommes mériteraient aussi d'être décrits.

Voulez-vous savoir ce qui se vend au marché des femmes ? Des dentelles bretonnes ? Pas du tout : du *fort-en-*

Le marché d'Auray.

diable, une sorte de rouennerie servant à faire des pantalons pour les hommes. A côté des comptoirs d'étoffes, des paniers de victuailles ! Un

peu de braise et un gril suffisent pour
faire sur place la cuisson des sardines ;
un vieux chapeau de paille sert de
soufflet à la marchande. Par terre, une
petite provision de charbon. Voilà
pour un peintre un joli tableau de
genre.

Le lundi, jour du marché, donne
une grande animation à Auray. Les
paysans des environs affluent de tous
côtés. A l'hôtel est descendu un bas-
breton de race, en veste de drap agré-
mentée de velours, le col de chemise
haut et raide, le gilet noir brodé en
couleurs. Il est arrivé en victoria. Cet
important personnage en costume national, ne serait-ce pas l'un des séna-
teurs du département.

Sur la nappe de la table d'hôte, le
cidre en carafe apparaît. La boisson
du cru me semble un peu âpre. Je
préfère le vin, même mauvais.

Un dernier coup d'œil sur la promenade du Loch et nous partons pour
Carnac en voiture de louage, traînée
par un vieux carcan qui aimerait
mieux rester à l'écurie. Notre antique

guimbarde sonne la ferraille et ne rappelle en rien un bon landau. Mais les anciens Celtes voyageaient encore avec moins de confortable.

CARNAC

Lundi 21 septembre.

La plupart des menhirs et des peulvens ont disparu lors de la construction de la route de Plouharnel; que de dolmens ont aussi servi à faire des murs en pierre sèche dans le pays! Mais ce qui reste de ces alignements mégalithiques forme encore un ensemble imposant. Sans doute, s'étendait là une nécropole immense, succédant à un oppidum gaulois. Combien de Celtes dorment, depuis des milliers d'années, couchés sous ces stèles de pierre, ni taillées, ni dégrossies, tenant en équilibre par le plus petit bout!

Kermario, où il reste les plus beaux menhirs, devait être le vivant Panthéon des chefs. Grandiose la ligne sauvage où ces monolithes, comme des cippes pétrifiés, se dressent debout! Les ruines ont pris la place de belles avenues d'autrefois.

Les érudits ont beaucoup disserté sur l'origine de ces roches extraites d'une carrière inconnue. Que d'opinions émises sur ce problème histo-

Plouharnel-Carnac.

rique! Ces pierres levées ont été tour à tour des sémaphores, des casemates, des tables de granit, des antres mystérieux, des blocs pour retenir les tentes d'un camp de César, ou des piliers de palais, des pavois pour les triomphateurs, les restes d'un temple gigantesque, et même, d'après la légende de saint Cornély, des soldats métamorphosés en pierres. Quant à moi, après avoir vu, je tiens pour le cimetière : chaque pierre pour un homme, comme le chevalier de Fréminville.

Une petite boiteuse nous conduit à travers les champs. Indispensable un guide, pour ne pas s'égarer dans ce labyrinthe.

Le vent souffle, les nuages courent sur un ciel sombre, une averse tombe. Oblique et violente, elle me coupe la figure. Il fait un temps druidique, comme dirait Stendhal. Nous nous mettons à l'abri d'abord derrière un peulven — vraie table de granit — qui nous sert d'écran contre la rafale. Mais la pluie redouble, la pierre ruisselle ; moins héroïques que les vieux Celtes qui se drapaient dans leurs manteaux, nous nous blottissons sous nos parapluies et nous gagnons un meilleur refuge, le dolmen de Mane Kerioned.

Quand le soleil reparaît, nous nous dirigeons vers le petit musée de

M. James Miln, cet archéologue écossais qui se prit de passion pour Carnac, et fouilla la nécropole avec une

Carnac.

persévérance bretonne aidée par une fortune anglaise. A côté de quelques assiettes de Rouen, un peu étonnées du voisinage, d'insectes et de papillons de la région, s'étalent des haches celtiques et un petit nombre d'objets curieux trouvés sous les dolmens : collection peu nombreuse, mais précieuse, en somme, par son authenticité.

L'église de Carnac, placée sous le vocable de saint Cornéli, patron des bœufs, a des voûtes en bois peintes sous Louis XIII, des cartouches reproduisent des scènes de sainteté, et de pieuses légendes. Le curé monte à sa chaire à prêcher par une rampe en fer très élégante.

Comme ex-voto, pend du plafond un petit navire, un de ces bons gros vaisseaux à trois ponts, de premier rang, aux sabords levés et armés de canons, à la proue et à la poupe couvertes de sculptures dorées, d'une ornementation toujours pleine de goût.

Tout autour de Carnac, à perte de vue, s'étend la lande bretonne où paissent de petites vaches noires. C'est le désert de la vieille Armorique.

LA TRINITÉ

21 septembre.

Un petit village au bord de la mer, à l'embouchure d'une rivière.

Pas le temps de nous arrêter à cette station balnéaire où l'on ne connait pas les petits chevaux ; dans ce petit trou pas cher, je doute que l'on fasse plusieurs toilettes par jour. J'aurais voulu y déguster des huîtres exquises du parc fondé par Benjamin Leroux.

Dans le petit port, des bateaux de plaisance très pavoisés, un yacht à vapeur, des barques de pêche.

La Trinité se passe. Nous n'y reviendrons pas.

Pour aller à Locmariaquer, où nous nous rendons, il faut passer en bac la pointe de Kerisper. Vous avez déjà lu les descriptions d'un bac dans les romans d'aventures. Un gros bateau plat, sorte de chaland, dans lequel entrent et s'installent pêle-mêle, voitures, chevaux et passagers. Une chaîne au fond de l'eau fait le mouvement de va et vient. On soulève cette chaîne des profondeurs où elle plonge, et on tire. Très lentement, le bateau va d'une rive à l'autre.

Ce primitif moyen de transport est plein de couleur locale, bien digne, comme l'ancien coche d'eau, d'inspirer un de nos peintres de genre. Un bon titre : *Le Bac*, mais un peu hollandais.

Nous sommes sur l'autre rive, tout près de Locmariaquer.

Passage du Kerisper (Trinité-sur-Mer).

LOCMARIAQUER

21 septembre.

Aspect désolé. Des pierres formidables. Un grand menhir géant, couché par terre, en plusieurs morceaux, terrassé par la foudre, plus puissante que lui ; un dolmen qui s'appelle, — par suite de quelle mystérieuse légende ? — la *Table des marchands*. Une pierre druidique, avec des caractères rongés, sortes d'hiéroglyphes gravés en creux, puis, à la craie, sur un autre, une inscription moderne : Gabrielle ! cri d'amoureux, que le premier orage effacera.

Après avoir été témoins de luttes sauvages ou de sacrifices humains, ces dolmens sont devenus des objets de haute curiosité, une source de profits. Ce que ces pierres séculaires ont fait dépenser aux voyageurs, ce qu'elles ont rapporté au pays est incalculable.

Nous quittons l'ancien site de Diorioricum.

En retournant à Auray, notre cocher, perché sur son siège, engage la conversation avec nous.

La table des marchands (Locmariaquer).

Il nous cite le beau trait de charité d'une propriétaire des environs, Mlle Henriette de Gouvello, assez riche pour ne pas venir toucher ses fermages quand les récoltes des fermiers sont mauvaises. Il faut signaler ces traits de désintéressement — du bon socialisme, — quand on les rencontre.

Vu sur la route le chapeau de saint Tivrio, un nom qui ressemble à Centurio. C'est une borne dont le sommet a la forme d'un chapeau de ligueur.

La légende rapporte que saint Tivrio perdit là son chapeau en chevauchant dans une déroute. Il mourut près de la fontaine voisine.

SAINTE-ANNE-D'AURAY

22 septembre.

Debout à cinq heures, nous partons pour Sainte-Anne-d'Auray, un pèlerinage encore très fréquenté malgré la concurrence de la Salette, de Paray-le-Monial, de Lourdes, surtout.

Les pieux Bretons aiment les vieilles traditions, ils ne délaissent pas tous leur antique sainte Anne pour la Vierge moderne des Pyrénées.

L'église de granit, massive, élevée en 1866, n'a rien de remarquable à l'extérieur. Elle a remplacé, a dit Brizeux, l'humble chapelle

Où depuis trois cents ans avaient déjà passé
Et prié bien des âmes.

Mais à l'intérieur elle est pleine d'*ex-voto*. Aux murs pendent de vieux tableaux relatant les miracles que les pèlerins ont obtenus par l'intercession de la sainte. Je ne saurais railler leurs convictions sincères. Ce sont, pour la plupart, de mauvaises peintures faites par des barbouilleurs du temps, mais les légendes qui se lisent au bas témoignent d'une naïveté touchante. En voici deux très anciennes :

« Guillaume Genin, mordu par un chien enragé, se voue à sainte Anne et obtient parfaite guérison, en 1631. » — « Hélène Suasse, abandonnée des médecins, vouée à sainte Anne par sa mère, vomit un serpent à deux têtes et recouvre la santé. » — Et la peinture traduit fidèlement l'incident.

Des bateaux sont suspendus à la voûte, pieux hommage des marins au retour de voyages périlleux, vœux formulés pendant la tempête.

Çà et là encore, de très anciens *ex voto*, même historiques, — témoin un tableau du temps de Louis XIII, avec une sainte Anne en blanc qui apparaît dans le coin de la toile. Au bas et au centre, se lit en gros caractères le mot : Ex-voto.

Devant l'église, en bordure de la

place, se serrent de petites boutiques assez semblables aux baraques du jour de l'an sur les boulevards de Paris. On y vend des médailles, des chapelets, des cierges, des statuettes de la Vierge ou de sainte Anne, des christs, des scapulaires. Bref on y bat monnaie avec la piété des fidèles. Jésus avait jadis chassé les vendeurs du Temple ; ils se sont maintenant réfugiés autour.

En face de l'église, se dresse un autel au sommet d'un escalier qui a trente-six marches de chaque côté. Les pèlerins montent cet escalier à genoux, pour gagner des indulgences. C'est la *Scala Sancta* de la Bretagne, sur le modèle de celle qui existe à Rome.

L'autel, que surmonte un Christ en croix, est d'une décoration banale. On y célèbre la messe à certains jours de l'année. Les pèlerins l'entendent, massés dans un vaste carré où pousse de l'herbe. Plusieurs milliers de personnes peuvent se tenir dans cet enclos, braves gens que la prière console, soutient et porte à l'espoir.

Sur le fond bleu de la voûte de l'autel, des hermines en papier noir (armoiries de la Bretagne) sont collées ; l'humidité de l'air les détache peu à

La Scala Sancta.

peu, elles tombent en loques; on dirait des stalactites.

Près de l'enclos, une fontaine entre deux bassins à pans coupés; sur ce petit monument, une statue de sainte Anne ; au pied, des écuelles servent à puiser l'eau qui guérit miraculeusement les maladies des yeux.

Laissons à ceux qui souffrent cette précieuse et inoffensive illusion !

Fontaine Sainte-Anne-d'Auray.

LA CHARTREUSE

A une lieue environ de Sainte-Anne, près du champ des Martyrs, nous visitons la Chartreuse.

Nous pénétrons dans un enclos fermé par une grille. C'est là que furent fusillés les émigrés prisonniers. Rappelons qu'une armée royaliste, commandée par d'Hervilly, Sombreuil, Soulanges et Valboiset, débarqua au Fort-Penthièvre, près de Quiberon (1795) et fut détruite par Hoche, en vue de la flotte anglaise qui ne lui prêta aucun secours.

Sur un fond de verdure, se détache un temple à colonnes, au fronton duquel on lit l'inscription latine : *Hic ceciderunt...*

A l'intérieur s'élève un vaste cénotaphe en marbre noir, avec bas-relief de l'école de Canova. Les noms de tous les émigrés fusillés sont inscrits sur des tables de marbre blanc. Voici

encore une inscription latine : *Pro Deo,
pro rege nefarie trucidati*.

Au milieu de la chapelle funéraire
une trappe s'ouvre. Le sacristain descend un fanal dans ce puits. Nous
apercevons — horrible ! — au fond du
trou, les ossements des malheureux
émigrés. Très saisissante la vue de ces
têtes qui ont pensé, de ces tibias qui
ont marché, de ces bras qui ont lutté.
To be or not to be. Je pense au mono-
logue d'Hamlet.

A côté de la chapelle, un cloître
assez peu intéressant. Quinze arcades
entourent la cour. Le long des murs,
de mauvaises copies de la vie de
saint Bruno, d'après Lesueur, faites
par quelque cénobite de la maison,
fort laides en somme et en triste état.

L'odeur de la soupe aux choux nous
suit pendant toute notre visite; faut-il
dire qu'elle la parfume ? C'est la vie en
prose banale. Nos narines se dilatent;
aussi bien le drame de Quiberon nous
étreignait la gorge.

A la sortie, une sœur exhibe une
sourde-muette qu'elle fait parler.

L'infortunée peut suivre la conversation par le mouvement des lèvres. Elle répond en articulant lentement d'une voix sépulcrale. Elle nous émeut profondément lorsqu'elle nous dit elle-même qu'elle n'entend pas le son de sa voix et qu'aucun bruit ne la frappe ; le canon seul, peut-être, produirait un ébranlement nerveux chez cette pauvre infortunée qui avait droit cependant, comme les autres, à sa part de bonheur ici-bas.

QUIBERON

22 septembre.

C'est le soir. Le train file lentement dans la presqu'ile. Je cherche vainement dans la pénombre la silhouette du Fort-Penthièvre, qui fut le théâtre d'une si sombre tragédie, où, suivant Stendhal, des Français tuèrent également d'autres Français qui se battaient contre la patrie. A un moment, la presqu'ile s'étrangle, la mer bat des deux côtés de la voie.

Il y a cent ans, c'est à ce lieu même que les émigrés succombèrent. Là, comme dit Victor Hugo, on vit :

> Mourir plus d'un soldat à son prince fidèle,
> Un prêtre fidèle à son Dieu.

Par la portière du wagon, se voient au loin les yeux rouges de l'escadre du Nord, qui scintillent dans la brume ; les cuirassés, retour de Russie, roulent et tanguent à l'horizon.

Le grand phare de Belle-Ile jette des traînées de lumière électrique qui donnent aux flots des reflets d'argent.

Nous descendons à l'hôtel de France, tenu par un ancien chef, un des Vatel du fourneau.

Un hôtel idéal !

Partout la propreté légendaire des ménagères hollandaises, des planches lavées comme le pont des navires, des murs sans tache, crépis à la chaux, des lits en fer, du linge bien blanc. Le voilà bien le seul mobilier, simple et modeste, que j'aime en voyage !

Au point du jour, les oies de la basse-cour poussent des cris peu harmonieux qui nous éveillent. Aussi, dès le matin, nous nous mettons en route pour Porthaliguen, à trois quarts de lieue. Porthaliguen, où nous allons, et Port-Maria, où nous irons, sont les deux ports de Quiberon.

Le vent souffle avec violence ; la mer est grosse. Force nous est de quitter nos chapeaux et de mettre des bérets, afin d'avoir une coiffure qui nous tienne sur la tête. Au loin, l'escadre, retour de Cronstadt.

Sur le port, un douanier mélancolique se promène ; nous l'interrogeons :

— Peut-on aller voir l'escadre ?

— Certainement, mais on n'est pas certain de pouvoir revenir.

La réponse ne manque pas de philosophie.

Nous voyons arriver les embarcations des cuirassés chargées de faire les vivres. Les patrons descendent, ils nous font la même réponse :

— Attendez une accalmie.

Nous reprenons notre route vers Port-Maria. En chemin, nous gravissons le clocher de l'église. Très dangereuse cette ascension : on la fait à l'aide d'une échelle extérieure dont les degrés vermoulus craquent sous nos pieds. Mais, du sommet, la vue est superbe : on domine l'isthme de Quiberon couvert de sable jaune. Au loin le fort Penthièvre, la baie de débarquement, le champ des Martyrs, toute la presqu'île. Une page dramatique de l'histoire de France !

Retrouvé nos compagnes de voyage
qui flânent dans la petite ville. Elles
questionnent les femmes du pays, re-
cueillant des traits de mœurs, des
détails culinaires. Le fard, par exemple, — ce mets local que les naturels
du pays appellent *Quimpo* et dont ils
se délectent, — se confectionne avec
des œufs, de la fleur de farine, du très
bon beurre, des raisins secs, des pru-
neaux de Tours et du lait bien pur.
Brassez le tout ensemble. Mettez au
four et servez chaud, non sur un
plat, mais sur la tourtière.

Retour à l'hôtel par la superbe
plage de sable fin, bien abritée contre
les vents du Nord. Nous sommes à la
fin de septembre, et l'on peut encore
se baigner avec plaisir.

Les chalets sur la plage me font
l'effet de boîtes de biscuits Albert,
renversées d'un seul coup. Tous les
mêmes. Aucune impression nouvelle
au point de vue architectural.

Il est midi. C'est l'heure du départ.
La cloche sonne. Le vapeur chauffe
pour Belle-Ile. Le vent souffle tou-

jours, la mer moutonne. Les dames n'osent se risquer. Nous restons en panne sur le quai avec nos bagages.

Le petit bateau de la poste s'éloigne. Il danse sur la crête des lames, pique une tête, se relève et roule comme un homme ivre.

Une heure. Nous retournons voir l'escadre à loisir. Dans une anfractuosité de rocher, nos jeunes artistes tirent leurs carnets et prennent des croquis.

Les vaisseaux de l'escadre, mouillés devant nous, font de larges taches sur l'horizon. Les torpilleurs, bas sur l'eau, ont la proue taillée en biseau. C'est la forme nouvelle. Autrefois, c'était tout le contraire.

L'aspect des cuirassés, est imposant.

Le *Marengo* porte le pavillon amiral, il est monté par un contre-amiral. Ses canons paraissent de terribles engins. Les plus épaisses murailles seraient pour eux des châteaux de cartes.

Le *Marceau* est gigantesque. On dirait une énorme baleine venant respirer à la surface de l'eau. De loin, avec ses hunes fortifiées, il paraît un monument fantastique, incompréhensible. Il représente le nouveau modèle en attendant qu'il devienne à son tour « vieux jeu ».

L'Escadre.

Le *Surcouf* ressemble à une plage grisâtre avec deux phares.

Le *Requin*, l'une des six « bêtes féroces », complète l'escadre.

Très curieux l'effet l'ensemble de l'escadre éclairée par le soleil ; on dirait des récifs émergeant des flots. Les torpilleurs forment des lignes horizontales, des taches blanches sur le ciel gris et sur la mer verte.

Un canot en toile, dit « Berthon »,
monté par deux marins, vient à la côte
faire de l'eau. C'est le plus frêle des
esquifs. Ces embarcations se montent
et se démontent à volonté. Elles se
replient comme un portefeuille.

Au retour, visité la poissonnerie de
Quiberon. La vente à la criée se fait à
l'arrivée du bateau. L'enchère et l'ad-
judication sont d'une rapidité vertigi-
neuse ! « Personne ne dit mot ! Ad-
jugé ! »

Nous voyons vendre :

Cinq lubines pour douze francs, et
deux cent quarante maquereaux pour
trente-un francs.

Le crieur a une voix grave, et c'est
en faux bourdon qu'il prononce l'ad-
judication.

Les homards se vendent à la lon-
gueur. Ils valent suivant la distance
mesurée depuis l'œil jusqu'à la première phalange de la queue. La
moyenne est de 22 centimètres. Paris
prend les plus belles pièces. Elles
voyageront ce soir en express par
le train de la marée et seront aux

halles pour la criée du matin. A midi, les gourmets pourront les savourer chez Marguery. Ah! les heureuses bêtes!

BELLE-ILE

LA TRAVERSÉE

23 septembre.

C'est par un temps superbe, un soleil délicieux, que s'effectue notre départ de la jetée de Quiberon. Nous avons une mer d'huile, selon l'expression consacrée.

On a bien fixé le départ à une heure et demie, mais ici, comme en Normandie, il est toujours midi jusqu'à quatre heures de la journée.

Il est déjà une heure et demie quand la cloche du petit vapeur sonne le premier coup du départ.

Les voyageurs sont groupés sur le quai. Ils causent du mal de mer, se demandant, avec une anxiété qu'ils déguisent, s'ils donneront à manger aux poissons.

Et des questions se posent; pour éviter ce terrible mal de mer qui gonfle le cœur d'inquiétude, doit-on

manger ou se tenir à jeun ? regarder
la mer ou se voiler les yeux ? Faut-il
se tenir au milieu ou à l'extrémité du
bateau ? Autant de personnes, autant
de théories.

Dans une grosse embarcation s'empilent les passagers. Ils arrivent à *la coupée*, la brèche ouverte dans les flancs du bateau, et grimpent l'échelle avec l'aide des marins.

Chacun s'arrime et cherche une bonne place sur le pont. Les meilleures — retenez ce conseil — sont au vent et non sous le vent.

Le sifflet se fait entendre. « En route ! » crie le capitaine. Le mécanicien donne le premier coup de piston et le bateau part avec lenteur.

Un petit vapeur comme le nôtre est bien aisé à décrire ; il se compose du pont et de l'entre-pont, où sont installées une grande chambre servant d'abri et de restaurant, la cuisine, la chambre de chauffe.

Les passagers de première classe sont logés à l'arrière et ils peuvent jouir de la passerelle, où se trouve le pilote, près du gouvernail. Ceux de seconde classe ont en partage l'avant, moins bien aménagé.

La machine, dont on évite le voisinage, à cause de l'odeur du charbon brûlé et de fonte échauffée, fait un ronron monotone. Le temps est si beau qu'il n'y a presque pas de roulis et pas du tout de tangage.

Les côtes de France s'effacent peu à peu. Quiberon cependant reste longtemps devant nos yeux, avec ses maisons blanches, éclairées par le soleil, au milieu de la dentelure des côtes et de l'embouchure des rivières de Vannes et d'Auray.

Des marsouins jouent à notre gauche. Ils paraissent à fleur d'eau, plongent, font la roue, piquent des têtes. On dirait les élèves d'une école de natation.

Le vapeur trace dans l'eau qu'il fend un sillage de blanche écume. Le timonier le dirige en droite ligne sur Belle-Ile, les yeux fixés sur la boussole, cette âme des navires.

Voilà cependant le mal de mer qui

se déclare à bord. C'est une petite bretonne, en costume très coquet d'Auray, qui paie le premier tribut à l'Océan. De rose, elle devient verte. C'est pitié de la voir se transformer ainsi.

Bientôt Belle-Ile apparaît dans un lointain bleuâtre et se rapproche peu à peu. Bientôt nous distinguons nettement les deux forteresses, sentinelles imposantes, de chaque côté du môle.

Encore quelques tours de roue et nous serons dans la patrie de l'amiral Willaumez et du général Bigarré, dans l'île que posséda le maréchal de Retz, où se réfugia, après son évasion de Nantes, son petit neveu le cardinal, et qui fut le domaine du surintendant Nicolas Fouquet.

BELLE-ILE

23 septembre.

Le Palais. Le paquebot-poste s'approche avec précaution. Nous débarquons à quai.

Tous les propriétaires des hôtels sont là sous les armes. Ils assistent à la descente des passagers. Ils distribuent libéralement la carte de leurs établissements. Derrière chacune d'elles un petit plan, très bien imprimé, donne des renseignements immédiats et pratiques aux voyageurs.

Pour abriter nos excellences, nous choisissons l'hôtel de France, sur le port, en face du bateau. Le trajet pour s'y rendre dure quelques instants. Mais cet hôtel, si commodément situé, a de désagréables voisins, des magasins de rogue qui empestent.

Pas un instant à perdre, car notre séjour doit être très court. En voiture messieurs les voyageurs! Nous mon-

tons tout de suite dans une petite carriole découverte et nous partons pour
les grottes de l'Apothicairerie.

Le but de cette excursion est la

Le Palais (Belle-Ile).

pointe des Poulains, et nous devons,
pour nous y rendre, traverser d'un
bout à l'autre tout le pays.

Fouette cocher ! et notre char roule
cahin-caha, traîné par une haridelle

d'une effroyable maigreur qui trotte sous elle.

Nous passons sous la porte Vauban.

De temps à autre émergent de chaque côté de la route de petits hameaux dont les maisons se serrent les unes contre les autres, pour se réchauffer mieux pendant les froidures de l'hiver.

Des vaches superbes, qui paissent dans les prairies, nous regardent avec leurs yeux doux et mélancoliques. Si ces animaux ne poursuivent pas un rêve intérieur, comme s'est plu à le dire Leconte de Lisle, à quoi pensent-ils ? Je répondrai en humble prose : à manger tout simplement.

Le paysage change ; il y a maintenant des coins qui rappellent l'Auvergne. On se croirait à la Bourboule. Le gazon, brûlé par le vent de la mer, est maigre et court.

Les chemins deviennent fort mauvais. La voiture saute et tressaute dans les ornières. Partout des rigoles, des sillons, des trous.

« Nous sommes cahotés épouvantablement, » comme dit Victor Hugo, employant un adverbe qui fait à lui seul la moitié du vers. Je peux me figurer aisément les satisfactions d'un artilleur traversant des champs en se cramponnant sur son caisson.

Le pays est plat, sans vallées et sans horizon ; mais patience ! Des compensations nous sont réservées, car nous arrivons à la grotte de l'Apothicairerie, au bord de « la Mer sauvage », cette mer anglo-bretonne si différente de la grande bleue, la Méditerranée.

La grotte est l'endroit où la mer a rongé les côtes féeriques de l'île et creusé de nombreux fiords qui s'enfoncent sous les terres.

Pas de dunes, rien que des falaises jaunâtres. La falaise a cent pieds de haut. Elle donne le vertige ; qu'on se figure un mur presque à pic dans certains endroits. Jamais je n'ai rien vu de plus beau. Ces énormes rochers bretons, séparés de la terre comme des îlots, sont déchiquetés par l'Océan qui ronge tout. Il y a longtemps qu'on a dit que la goutte d'eau peut percer à la longue un rocher.

Le célèbre *Rocher de la Vierge*, à Biarritz, ne donne pas une impression plus imposante que cette formidable roche percée, sous laquelle les flots passent en mugissant. Il semble alors que l'on entend le tumulte d'une foule se précipitant vers un arc de triomphe.

Voici encore un gros rocher isolé, sentinelle avancée, géant de cent pieds de haut que la mer entoure de flocons d'écume. On dirait la bave de baisers amoureux.

Puis c'est la grotte de l'Apothicairerie, ainsi nommée par ses nids de cormorans, alignés comme les bocaux dans la boutique d'un pharmacien.

Les vagues déferlent à l'entrée et s'engouffrent avec fracas on dirait des cavaliers qui chargeraient dans l'eau.

Une pente très raide conduit à la grotte. Pas de marches à cet escalier naturel ; il faut, sans rampe pour se retenir, glisser sur des rochers polis comme du marbre. L'équilibre est difficile à garder dans cette descente, aussi laborieuse que le «Mauvais Pas » de Chamonix. Il paraît qu'il n'a pas été possible de faire respecter par les paysans les cordes et les chaînes placées contre la muraille de granit. Mais il serait cependant aisé de creuser des degrés dans le roc ! Pourquoi ne pas y avoir songé ? Comment ne fait-on pas quelque chose pour les étrangers qui laissent tant d'argent dans le pays ?

J'ai quelque peine à conserver mon centre de gravité. Mais je veux voir, fort de ce principe, qu'avec de la volonté on peut tout. Je descends donc en rampant comme un cul-de-jatte, pendant que près de moi passent des soldats qui, s'appuyant contre les parois du rocher, vont presque en courant. Ils sont jeunes, lestes et agiles ! Dans les endroits très difficiles — disons le mot — je me mets à quatre pattes, pour éviter de dégringoler trop vite. Je touche enfin au bas du précipice. Le spectacle est merveilleux ! Le flot fait un tapage infernal en se brisant sur les rochers transformés en une ligne savonneuse. Je pénètre sous la voûte de la grotte qui a cent pieds de haut; j'évoque dans mes souvenirs les gouffres si peu connus de la Possession, à l'île de la Réunion; quant aux grottes de la baie de Naples, elles ne sont pas plus belles. Ah ! je ne regrette plus ma fatigue; je regarde, je contemple, j'admire. Le flot se précipite en aboyant dans la gueule béante qui l'engouffre et le rend en gros bouillons d'écume, tandis qu'arrive une vague nouvelle. Des traditions ont dû se former à cet endroit. A mon retour, je le demanderai à Sébillot. Il aura bien quelque légende à me raconter sur la fée de la mer qui habitait cette salle mystérieuse.

Les voitures qui nous ont conduits à l'Apothicairerie nous attendent sur le plateau. Nous y remontons et nous reprenons la route pleine de cahots, pareille au sentier malaisé par lequel s'acheminait le coche de La Fontaine.

Presque partout des terres en jachère, la lande triste à l'herbe rare. Dans un champ, courbés sur le sol, des paysans aux figures terreuses et hâlées par les embruns de la mer, à l'air triste et grave, récoltent des pommes de terre. C'est un vrai tableau de Millet. On songe aussi, devant cette dégénérescence de la race, ces attitudes accablées et ces visages mornes, à la page cruelle de La Bruyère sur les paysans de son temps.

A la pointe aux Poulains, nous attend un aspect merveilleux ! Du bord de la falaise taillée à pic, nous contemplons d'énormes blocs fouillés, déchiquetés, décharnés, semés çà et là dans un désordre pittoresque, comme des marsouins celtiques. Au milieu d'un vrai cirque, la mer a roulé et poli certains d'entre eux comme des dés gigantesques. C'est un chaos, un entassement rocheux qui rappelle les luttes des Titans.

A force de regarder ces rochers, nous arrivons à leur trouver des ressemblances. L'un d'eux figure un buste phénoménal d'Alexandre Dumas, un autre a l'air d'un phoque levant son échine au-dessus de l'eau ; cet autre a des analogies avec le Sphinx de la plaine des Pyramides. Il a l'air de contempler l'Océan avec tristesse. Mais l'eau usera encore cela avec le temps, car elle est plus puissante que la pierre, et, sous son frottement incessant, le fier rocher disparaîtra dans l'insondable oubli.

A l'horizon, la Mer Sauvage est très calme, couleur indigo. De l'autre côté, dans l'autre zone, elle est grise. Au loin, une petite tache rouge ; c'est la voile d'une embarcation qui rentre au Palais. On dirait une mouche volant dans l'air. Plus loin encore, un petit sémaphore qui signale les navires marchands passant au large et venant, à leur retour des Indes, prendre les ordres de leurs armateurs. Quelle existence d'isolement et de monotone tristesse mènent en hiver les gardiens de ces flambeaux de la mer !

La barque, le sémaphore, ce sont les seuls points à l'horizon. Pas d'autre perspective que le ciel et l'eau.

Cependant, si la terre n'était pas ronde
on pourrait voir les milliers de navires
qui sillonnent cet océan Atlantique, le
grand chemin qui mène au Nouveau
Monde les émigrants de l'Ancien.

Nous ne nous arrachons qu'avec
peine à ce spectacle grandiose et fas-
cinateur. Le temps marche, il faut
partir. La première étape est le petit
village de Sauzon, qui fait penser aux
douars perdus dans les montagnes de
la Kabylie ; on dit que les Saxons y
vinrent. Son nom semble indiquer leur
passage.

Une rue en précipice descend au
port. Je n'ai jamais vu descente plus
raide. Il est presque imprudent de s'y
risquer en voiture, car les jambes des
chevaux flageolent. Pour retenir le
véhicule, ces braves animaux s'arc-
boutent aux inégalités du chemin.

Nous passons, dans un pli du sol,
devant une pauvre église qui date du
XVIIe siècle. La toiture est basse, pour
ne pas donner prise au vent de mer,
pendant les nuits violentes de l'équi-
noxe. Pauvre village ! Il sera englouti

par la mer quelque jour, ou s'en ira à
la longue par morceaux.

Sauzon.

Ici nous relevons un détail typique.
Sur la place du village, un marchand

de machines à coudre s'est installé. Il fait sa réclame en plein air, tout en manœuvrant les pédales de sa machine. Il démontre aux femmes qui l'entourent, les avantages de la piqûre à la mécanique. Ce symbole du progrès au fond de ce pays perdu constitue un piquant contraste.

Charmant, en somme, le petit port de Sauzon ou Port-Philippe. La nature l'a creusé. Il était tout indiqué pour servir d'abri sûr aux embarcations de pêche. Par une brusque poussée des vagues, la mer est entrée très loin dans les terres; mais, au fond du port, elle s'est apaisée, elle a pris l'aspect d'un lac dans lequel se mirent les collines renversées.

Mais les coups de fouet du cocher nous arrachent à notre contemplation. Les haridelles tirent de nouveau à hue et à dia, notre voiture. Il faut dîner. Nous rentrons au Palais, à l'hôtel, quai Macé.

Auparavant, s'ébauche une flânerie chez les bijoutiers du pays; leurs magasins à l'ancienne mode n'ont pas changé depuis 1830. Je déniche et j'achète au poids un franc à pied de Charles VIII, en or, une belle pièce à fleur de coin. C'est une trouvaille récemment faite dans un vieux pot en terre et qui prouve que les tirelires datent de loin. Les économes et les avares sont de tous les temps.

Le dîner qu'on nous sert est copieux, même pantagruélique. Le propriétaire de l'hôtel de France, M. Dupont, a quelque peu voyagé. Originaire de Nantes, il est allé au Tonkin. Tour à tour chef et maître d'hôtel, imitateur sans le savoir du Maître Jacques de Molière, il échange le vulgaire veston contre la veste blanche et le bonnet blanc. Sa complaisance et celle de sa femme pour les voyageurs sont inépuisables.

Le soir, le pays est en fête, la pêche qui le fait vivre ayant été bonne. La ville, avec son petit port, sa citadelle bâtie par Vauban, sa place d'armes, ses voies en pente, prend un aspect pittoresque. Partout on danse, sur une chanson dont les couplets sont sans fin. Le costume des Belle-Iloises délicates et fières, ne manque pas d'élégance. Elles se promènent d'un pas ferme et lent. Malheureusement, l'odeur de rogue nous suit partout et rappelle trop les réalités de la vie.

BELLE-ILE

Jeudi 24 septembre.

J'ai vu le lever du soleil ; Monselet aurait dit ironiquement : « l'aurore ! » Une jolie chose à Paris. Mais nous ne sommes pas à Paris.

D'abord, à l'horizon, paraît une longue bande rouge ; puis un disque jaune qui grandit peu à peu, se développe, mord le bord de la bande qu'il finit par crever. Et Phébus paraît dans son rayonnant éclat.

Nous partons à 8 h. 1/2. Ce sont les mêmes cochers, les mêmes voitures que la veille. Le temps se couvre tout d'un coup. Pas de chance. La pluie se prépare.

Nous passons devant l'usine de la maison Charles Philippe et Cie, de Nantes. A la porte stationnent des voitures chargées de thons, piqués les uns contre les autres, la queue en l'air. Dans les cours, les femmes, qu'on appelle ici des bigoudaines, étendent des sardines sur des claies, pour les présenter au feu. Une belle industrie : les bonnes années rapportent, dit-on, trois cent mille francs de bénéfices.

Le directeur de la maison Philippe, M. Charles Lechat, habite Nantes. C'est un ancien élève de l'École normale. Il appartenait à la brillante promotion d'Edmond About, de Taine, de Prévost-Paradol, de Francisque Sarcey. A sa sortie de l'école, il devint professeur au lycée de Nantes. Il y faisait la sixième. J'étais un de ses élèves. Il m'aimait beaucoup. Comme mon père n'était pas riche, il me donnait des répétitions pour rien. Plus tard, il épousa Mlle Philippe, quitta l'enseignement, devint juge au Tribunal de commerce, fut élu maire de Nantes en 1874, réélu en 1878 et en 1881. J'ai été quelques années son collègue au conseil municipal de cette ville.

Pendant que j'évoquais ces souvenirs déjà lointains, nous passions devant des pierres druidiques: Jean et Jeanne de Ruvillo, et nous arrivions dans une belle vallée qui conduit à la plage Donant.

J'ai rarement vu la mer plus belle qu'en cet endroit. On dirait d'une femme aux formes superbes dont la respiration soulève la poitrine. Au loin, les vagues hautes, droites, mauvaises, prennent des proportions gigantesques, simulent de véritables montagnes liquides. Tantôt elles deviennent des volutes immenses, se ruent en colère vers la plage, prêtes à tout engloutir, à tout dévorer. Et cette mer furieuse me fait songer à la *Vague* immortelle de Courbet. Tantôt elles s'amincissent en approchant du rivage, et, d'une douce et caressante allure, lèchent amoureusement le sable de la plage; je pense alors à « la Vague et la Perle », cette allégorie qui inspira à Baudry l'un de ses plus charmants tableaux. Notre ami G..... ne se lasse pas d'admirer cette superbe mise en scène, que l'Opéra ne rendra jamais.

Veut-on se baigner ici ? On peut, sans offenser la pudeur, livrer son corps nu aux baisers de la vague. Diane n'y aurait jamais rencontré Actéon. Cette plage magnifique semble appartenir à une île déserte, c'est la solitude absolue! pas un homme, pas un arbre,

Grotte à Belle-Ile.

pas une cabane, pas un canot. Nous sommes loin de la plage de Trouville, avec, d'un côté, le bain des dames en costume, et de l'autre, séparée par une corde, celui des hommes en caleçon ou en maillot.

Çà et là, surgissent de gros rochers

de forme pittoresque. Au fond de la plage, s'ouvrent des grottes majestueuses dont les discrètes profondeurs nous attirent par leur frais abri.

Quel calme! quel isolement! quelle sereine tranquillité! On se sent bien en face de la nature sauvage.

Et maintenant, en route pour le phare ! Trochu, le père du général, dirigea en 1835, comme entrepreneur, les travaux de construction de ce chandelier gigantesque, qui semble au loin une cheminée d'usine. M. Thiers était alors ministre, M. Leroy, préfet du Morbihan. Le phare est à éclats électriques de 3 à 7 secondes. Autour de lui se dressent des constructions où tout le personnel demeure.

Le gardien nous reçoit avec amabilité, il se met obligeamment à notre disposition pour la visite réglementaire.

Deux cent cinquante marches tournent à l'intérieur du grand tube de granit, qui s'élève à 46 mètres au-dessus du sol. On peut citer cet escalier, d'une propreté merveilleuse, comme un modèle de tenue. Un escalier en bois conduit au sommet, à la plate-forme en fonte, où se trouve l'appareil optique, fabriqué chez Barbier, à Paris, en 1889. Il est éclairé par des charbons incandescents d'une portée lumineuse de 1852 mètres. Tout cet appareil reluit ; on pourrait se mirer dans les fers et les cuivres, polis tous les jours par des mains exercées. C'est l'entretien de l'État, dont les particuliers ne peuvent s'approcher, et qui a le seul défaut de coûter cher aux contribuables.

Le phare tournant de Belle-Ile est de première classe. Il tient une des premières places parmi ceux du littoral français. Sa puissante lentille d'anneaux à prismes promène ses jets de lumière a près de cinquante milles en mer. A nos pieds volent les balles d'écume qui se détachent de l'anse de Port-Colon, dont la grotte est d'un accès plus facile que celle de l'Apothicairerie.

Au retour, nous traversons l'île par le travers pour arriver à Bangor, où demeura si longtemps comme curé, le théologien Le Sergent. Quelques maisons qui se pelotonnent contre le vent, une petite église ravagée par les tempêtes, une ou deux rues mal abritées. Ce pauvre village se défend comme il peut contre les ouragans de l'hiver. Il donne une impression de vide, de néant, presque de tristesse.

Nous rentrons par l'avenue Trochu. C'est là que se trouve la ferme modèle de Bauté, que l'État a louée ou achetée à la famille Trochu, pour installer son administration pénitentiaire. Les Trochu sont originaires de Belle-Ile. Le général, que Victor Hugo dans l'*Année Terrible* appela « participe passé du verbe trop choir », habite maintenant la Touraine. Il fut jadis un vaillant soldat. Que l'oubli se fasse sur son nom ! L'histoire impartiale jugera ses actes, peut-être mieux que la génération actuelle ne peut le faire.

Au Palais, au moment où nous arrivons, les bateaux de pêche, poussés

par la marée, rentrent au port. Sur
le môle, sont postés les acheteurs en-
voyés par les usines. Ils crient leurs
offres aux pêcheurs qui passent. La

Arrivée des sardines (Belle-Ile).

vente des sardines s'effectue ainsi,
avant même le débarquement, et au
mille. Si le patron du bateau accepte
l'offre, il aborde à la cale, où le poisson se compte et s'empile dans des
paniers.

— A quarante francs pour M. Philippe! crie un des employés de la maison, tandis que l'employé d'une maison rivale dit : quarante-un francs pour M. Saupiquet !

Très curieux, les débarquements des thons. Pour empêcher que le poisson ne se corrompe vite, on lui arrache les ouïes dès qu'il sort de l'eau. Les thons que nous voyons débarquer sont déjà raides comme des morceaux de bois.

On a pêché ce jour-là beaucoup d'anchois. On les entasse dans des paniers d'osier. Dans d'autres brillent les sardines étincelantes, pareilles à des petits lingots d'argent.

La différence de prix est grande entre les sardines : les petites valent cette année 6 francs le mille, les grosses de 40 à 45 francs. Il faut plusieurs milliers de sardines pour faire une bonne journée. Les matelots naviguent à la part. Ils vivent, mais ne s'enrichissent guère dans leur rude métier, si plein d'imprévu.

Copieux déjeuner à l'hôtel. Les gens qui le dirigent se mettent en quatre pour nous être agréables. Nous nous régalons de sardines fraîches dont la chair exquise a un goût prononcé d'amande verte. Nous avions exprimé le désir de goûter des galettes de blé noir. Nous en trouvons de toutes préparées, reluisantes de bon beurre frais. Belle-Ile est un vrai pays de cocagne.

A deux heures, il faut nous arracher aux délices de la table. Les cochers arrivent en faisant claquer leurs fouets avec impatience.

Nous gravissons d'abord une voie en pente et très ombragée, douce retraite pour les privilégiés qui émargent au budget de l'État. Nous sommes en train de rire et nous la nommons successivement l'avenue des Registres, le carrefour de la Bureaucratie, la voie Appienne de la paperasserie et les Champs-Élysées des ronds-de-cuir, au fur et à mesure que défilent devant nous les enseignes nombreuses de l'Administration.

Pauvres contribuables, taillables et corvéables à merci comme vos ancêtres ! Trop de fonctionnarisme ! Pas

assez d'initiative privée. La moitié de
la France nourrit l'autre, pour ne pas
répéter avec une légère variante, ce
vers de *Ruy-Blas* :

La moitié de Madrid vit de l'autre moitié !

Sous la porte Vauban, carrée, massive et lourde, se creuse un petit tunnel pas long à franchir.

Puis c'est la campagne ; pas très belle par exemple ; trop ravagée par le vent de la mer, âpre et desséchant. Des champs de maïs, d'avoine, de pommes de terre et de blé trapu.

Nous voici à la plage du Gros-Rocher.

C'est une fort belle plage de sable fin. Disséminées sur la mer, comme des vaches dans un pré, des barques pêchent la sardine. — car la sardine, ici, c'est le pain quotidien, l'entretien du foyer, l'argent indispensable pour vivre.

Près de nous, dans une grotte, toute une famille est installée.

Ce sont des gendarmes accompagnés de leurs moitiés et de leur progéniture. La seconde génération, au grand complet, se baigne, barbote dans l'eau comme des canards. Les hommes pêchent. Les femmes font cuire le poisson et les coquillages dans une grande marmite.

Heureux gendarmes! Les honnêtes Belle-Ilois, qui ne commettent ni crimes ni délits, leur font des loisirs.

Irons-nous au gros rocher qui se profile sur la gauche comme un monolithe gigantesque, et porte, juché sur son sommet, un petit fortin abandonné ? A marée haute ce bloc rocheux est entouré d'eau.

Nous sommes perplexes. La vue nous dédommagera-t-elle des fatigues de l'ascension ? Tout en devisant et en hésitant, nous avons fait du chemin. En curieux que nous sommes, le gros rocher nous attire par sa forme singulière; on dirait un sphinx. Peu à peu, nous avançons vers lui, c'est encore le meilleur moyen, car « pour sûr » il ne viendrait pas vers nous.

Le chemin n'est pas beau. Nous longeons la falaise. Il faut escalader de petites roches et se tenir en équilibre sur un goémon humide qui éclate et glisse sous les pieds. Le travail est difficile, pour les gras du moins, car les maigres, qui n'ont pas à se préoccuper de garder leur centre de gravité, s'en tirent avec aisance, tandis que les gras, dont la plante des pieds n'offre pas plus de surface, peuvent choir au moindre déplacement de la perpendiculaire.

Allons, décidément, le gros rocher est trop loin, il faut y renoncer, et notre équipée n'aura pas eu d'autres suites.

Perdues dans la brume, on voit au loin l'île de Houat (le canard), l'île de Hœdic (le caneton), qui ressemblent, vues ainsi, à des sentinelles avancées, chargées d'arrêter l'élan des flots et de briser l'effort furieux de la tempête se lançant sur les côtes.

Abandonnant tout projet d'escalade du gros rocher, nous franchissons de notre mieux une falaise presque à pic pour reprendre pied sur le plateau.

Tout d'un coup, un talus qui s'élève

devant nous nous barre la route. Comment s'arrêter en si beau chemin? Nous allons de l'avant, et en quelques minutes le mamelon est franchi. Dominant l'horizon, nous voici sur le

Belle-Ile. L'Escalade.

sommet de la contrescarpe d'un fortin désert, près de l'embouchure d'un canon admis maintenant à la retraite, et sur laquelle la mer a plus d'une fois craché dans ses fureurs.

Sauter dans le fort et nous diriger vers la porte, tel est notre premier mouvement. Mais la porte est close, une porte en fer, fermée par d'énormes traverses que fixent des cadenas. De ce côté, le fort est bien gardé. Nous faisons le tour du rempart. Une douve profonde règne de toutes parts, excepté du côté que nous avons gravi, et pour lequel les précautions contre l'assaut ont été négligées. Mais sur cette face ouverte, gardée par une simple porte, la nature a bien défendu le fort : elle lui a construit, avec des rochers, un rempart inaccessible.

Notre position devient critique. Nous avons pris d'assaut, à nous quatre, une forteresse inexpugnable. Seulement, il nous est impossible d'en sortir, nous nous sommes emprisonnés de nous-mêmes ; maintenant notre conquête nous effraye.

Que faire ? Retourner par le même chemin ? Personne ne veut y consentir. La montée était possible, la descente, avec la crainte trop justifiée du vertige, paraît impraticable.

Tout à coup nous entendons les cris de nos cochers. Ils étaient inquiets, ils nous cherchaient depuis une heure. Les Belle-Ilois grimpent comme des chèvres sur les rochers, ils ont les jambes solides, le pied marin, ils ignorent le vertige et la glissade.

Ils nous expliquent que pour le retour il n'y a pas d'autre chemin à prendre que pour l'aller. C'est comme les billets d'aller et retour sur une voie déterminée ; aucun écart n'est permis dans le parcours.

Nous résistons, nous protestons; Jamais ! Mais les automédons nous expliquent que la mer monte et que le moindre retard nous obligera à passer la nuit sur les affûts des canons.

Nous avons beau évoquer le souvenir des grands hommes, Turenne en tête, qui dormirent sur ces lits improvisés, la perspective est peu engageante, et nos hésitations disparaissent du coup. Mais il faut s'armer de courage, car le retour présente des difficultés inouïes. Les guides nous aident et nous nous aidons de nos bâtons. Avec d'infinies précautions, les yeux fermés, tournant le dos à la mer, nous redescendons la falaise. Je m'appuie sur l'épaule d'un guide. La fin de notre exode est des plus tristes; nous revoilà sur le goémon qui glisse sous nos pieds et qui recouvre de sa longue chevelure jaune et verte des rochers aux pointes aiguës ! Trébuchant, titubant, chancelant, gémissant, écrasant des herbes gluantes, nous arrivons enfin à bon port, après d'incroyables efforts.

Sauvés, mon Dieu ! s'écrie, comme dans le drame de d'Ennery, l'un de nos compagnons de voyage. Nous respirons maintenant à notre aise, tout en nous épongeant le visage.

Au retour, nous nous arrêtons au château du surintendant Fouquet, l'ami de La Fontaine et de Mme de Sévigné, une des plus illustres victimes de la jalousie de Louis XIV.

Deux grands ormeaux dans la cour où fut enfermé le fils de Toussaint-Louverture, le révolté de Saint-Domingue, précèdent une maison grillée. On nous montre la prison de Blanqui, le célèbre agitateur révolutionnaire. Un petit chemin creux, bordé d'un mur bas, descend vers une sorte de cave fermée par une porte basse bardée de fer. L'aspect de cette casemate donne déjà le frisson, voulez-vous que nous le complétions par quelques détails circonstanciés? Un badigeon verdâtre recouvre la porte, dont les clous sont bien usés; les énormes verrous, l'un en haut, l'autre en bas, sont si rouillés que le gardien a peine à les faire glisser dans leurs rainures; un cadenas pend tout ouvert; le jour vient par un soupirail très élevé comme une imposte.

Deux marches de pierre usées, creusées, à descendre avec précaution, et nous sommes dans la prison.

Quelle tristesse! quatre murs et un lit de camp aux planches disjointes sur lequel on jette de la paille; une cruche et une tinette. Pas de lumière, le jour filtre par un petit soupirail au-dessus de la porte.

L'humidité et le froid nous pénètrent, l'obscurité nous empêche de rien distinguer. Et c'est dans cet horrible séjour, effroyablement triste, inhabitable pour tout être humain, que le socialiste Blanqui, condamné politique, a passé vingt ans de sa vie. Il y a de quoi devenir fou au bout de huit jours pour le cerveau le plus solide, et malade avant un mois pour la constitution la plus robuste. Après cela, il est aisé de s'expliquer la haine du vieux socialiste pour la société moderne.

Plus loin, d'autres cachots, du même genre, mais plus vastes, où l'on enferme, dans les cas graves, les jeunes détenus de la colonie pénitentiaire installée à Belle-Ile. Comme ces vauriens précoces doivent apprécier le grand air, quand ils ont été mis ainsi en cage !

BELLE-ILE

DÉPART ET RETOUR A QUIBERON

Jeudi 24 septembre.

Un soleil superbe qui miroite sur la mer, un ciel d'un azur admirable, une brise tiède qui nous caresse ; mais toute cette poésie est gâtée par une odeur de poisson qui déjà s'élève de tous côtés. Telle est l'impression que j'éprouve en ouvrant ma fenêtre à six heures du matin.

Au large, sur la nappe nacrée, je distingue une petite flottille de bateaux qui pêchent. Les voiles rouges, dont César parlait déjà dans ses *Commentaires*, font des taches sur l'azur de la mer. Toujours la pêche, ici ! Une barque de gueules, des filets de sable, des poissons d'argent : voilà les armes parlantes de Belle-Ile.

Avant le départ nous faisons une promenade sur les quais du port. Ce que nous avons le moins vu jus-

qu'ici, c'est le port du Palais. Partant
le grand matin, rentrant le soir, tout
s'est réduit pour nous à un effet de
nuit. A peine y voyais-je à me con-
duire, l'autre soir. Je ne distinguais
rien dans la boutique de l'horloger
chez lequel j'ai acheté ce franc à pied
en or de Charles VIII, trouvé dans un
pot de terre.

Deux cavaliers de granit défendent
l'entrée du grand port du Palais. Un
détail de mœurs : dans le bassin, les
marins s'amusent à faire courir l'un
après l'autre, comme aux régates, de
petits modèles de sardinières. Ah ! les
grands enfants que voilà !

Nous voyons le fond du port, qu'on
appelle la Saline, il est entouré de
deux collines boisées qui donnent
une ombre fort agréable pendant les
grandes chaleurs de l'été. Au-dessus,
les bâtiments du pénitencier, avec ses
trois cents enfants égarés qui vivent et
travaillent au milieu des dracénas, des
aloès, des géraniums et des gigantesques fuchsias.

Les maisons du quai, très vieilles,

s'appuient les unes sur les autres. Leurs façades, peintes en jaune d'ocre et en gris, montrent de grosses poutres noires en relief.

Les marins aiment, dans la peinture, les tons heurtés et violents : leur habitude est de badigeonner ainsi leurs bateaux.

Le clocher de l'église du Palais a la forme d'un cul-de-lampe renversé, c'est original, mais peu artistique.

Dix heures. La cloche du bateau à vapeur sonne. Il est temps de faire porter ses bagages. Nous disons adieu à notre hôtesse, la propriétaire de l'hôtel de France, une petite femme accorte, prévenante, affable, ce qui, dans le métier, ne se rencontre pas tous les jours.

Nous voici à bord. Chacun cherche la meilleure place. Bien sincère cette manifestation de l'*égotisme*, la fine fleur de l'égoïsme. Depuis Maurice Barrès on ne dit plus égoïsme.

Le bateau quitte le quai, évolue comme une voiture qui veut se dégager d'un encombrement dans un carrefour. Peu à peu, il gagne l'étroit goulet qui sert d'ouverture au bassin ; il est bientôt en pleine mer. La machine se met résolument en train. Le petit bateau pique dans la lame et oriente le nez en ligne directe sur Quiberon.

Adieu Belle-Ile ! le Guerouin breton. Déjà disparaissent ses maisons basses qui jadis, avant la construction des quais, baignaient leur pied dans la mer ! Le soleil luit encore sur les façades et sèche les filets de pêche.

D'abord le panorama du Palais s'étend, puis, à mesure que nous nous éloignons, il se rétrécit, se réduit ; enfin sa clarté s'atténue, et ses contours s'effacent. Bientôt la ville n'est plus qu'une ligne blanche à l'horizon.

La mer moutonne un peu. Le bateau a une oscillation légère ; il danse un pas discret de pavane. Le soleil fait briller des paillettes d'argent sur la mer. Sur le pont, de grands paniers pleins de « sardines de Nantes ! sardines nouvelles ! » qui vont être expédiés aux gourmets parisiens.

Nous passons près des cuirassés en marche qui regagnent Lorient. Majestueux, énormes, on dirait des îles flottantes.

Maintenant Belle-Ile n'est plus qu'une tache grise, vague, allongée, qui disparaît peu à peu, tandis que le soleil éclaire les hameaux de la presqu'île, éparpillés le long de la côte. Bientôt apparaissent les maisons blanches de Quiberon. Les clochers de l'église de Notre-Dame de Locmaria se rapprochent de plus en plus.

Le trajet dure en tout une heure. Nous abordons le continent, et le même cérémonial qu'à notre départ nous accueille ; c'est le débarquement à quai, la montée dans l'omnibus, le chargement des bagages, le transport à l'hôtel. Nous retournons à celui où nous sommes précédemment descendus et qui nous a laissé de bons souvenirs. Il est onze heures, l'heure du déjeuner. Nous gagnons la table d'hôte où s'étale le plus copieux des repas. Voulez-vous le menu, vraiment gargantuesque ?

Crevettes, sardines, soles, huitres, homards, palourdes, bigorneaux, berniques, maquereaux, lubines.

Après tous ces fruits de la mer qui servent d'apéritifs, viennent les mets chauds.

Les Cuirassés.

Omelette, côtelette, poulet, beefsteak, pommes de terre, haricots verts, artichauts et salsifis.

Puis, comme dessert :

Fromage, biscuits, raisins, poires.

Pour boisson :

Cidre, bière, vin blanc ou rouge à discrétion.

Et tout cela pour combien ? Je vous

le donne en mille. Pour la somme fabuleuse, invraisemblable, de deux francs par couvert.

Nous revoilà aux temps bibliques ! c'est presque l'hospitalité écossaise. Il y a des hôtels qui sont d'anciennes cavernes de voleurs. Celui-là est la maison du bon Dieu.

HENNEBONT — LORIENT
QUIMPERLÉ

24 septembre.

Nous remontons en chemin de fer après avoir gagné la gare de Quiberon, distante d'un kilomètre de la ville.

Un coup de sifflet. La machine palpite, prend son élan, se met en marche. Le train roule.

A l'endroit où la presqu'ile est étranglée par la mer des deux côtés, surgit le fort Penthièvre. Evoqués par le site et l'histoire, les souvenirs me reviennent à l'esprit. Je songe à ce nouveau défilé des Thermopyles, que n'a pu franchir la petite armée vendéenne.

Salut en passant à Hennebont, la perle du Blavet, montrant ses vieilles murailles délabrées qui racontent toute la lutte de la succession de Bretagne, le siège héroïque soutenu par Jeanne de Montfort contre les partisans de Charles de Blois. Ici nos amis nous quittent. Ils veulent voir le vieil Hennebont, que nous connaissons déjà.

A Lorient, trente minutes d'arrêt. La ville natale de Jules Simon est bien percée de rues se coupant à angle droit.

Dans notre Lorient tout est clair dès qu'on entre,

a dit Brizeux. Une promenade rapide, près de la gare, pendant un court arrêt du train, nous donne un aperçu de la ville. Nous distinguons au loin les anciens bâtiments où s'installa la Compagnie des Indes et les chantiers de construction, d'où sont sortis d'imposants cuirassés. Vive la marine! celle de Sébastopol surtout, nous disons-nous, en remontant dans notre wagon.

QUIMPERLÉ

24 septembre.

Il est quatre heures ; nous nous arrêtons à Quimperlé, jolie et pittoresque petite ville, au confluent de l'Ellé et de l'Isole. Nous descendons à l'hôtel du Lion d'Or et des Voyageurs, vieille maison, ancienne abbaye, avec des salles antiques et des cheminées où s'étalent des portraits au profil gigantesque.

A peine installés, nous nous apercevons de la tristesse qui règne dans la maison. Nous interrogeons une bonne, qui nous dit à voix basse que le propriétaire, depuis longtemps dans le plus triste état de santé, se meurt en ce moment dans son appartement du rez-de-chaussée, dont les volets sont clos.

Nous sortons, guide en main. Conty nous signale une très intéressante église romane du XIe siècle.

Quimperlé.

Quimperlé.

Comme elle est fermée à cause de l'heure, nous nous mettons à la recherche du gardien. La rue où nous cheminons est une vraie rue du moyen âge, où une jeune Américaine a dressé son chevalet pour reproduire les plus curieuses maisons, de vrais taudis, aux pans de mur vermoulus.

Le sacristain accourt enfin, tout essoufflé. Il tient un grand trousseau de clefs. A cette heure tardive, il ne comptait plus sur aucun visiteur.

L'église abbatiale de Sainte-Croix, que nous visitons avec lui en détail, est surmontée d'une plate-forme remplaçant le clocher qui s'effondra en 1862. Si l'édifice est du style roman, la grande porte de ce vieil invalide procède de la Renaissance. La crypte, une des trois ou quatre qui existent en Bretagne, renferme deux tombeaux qui datent, nous dit le sacristain, l'un du XIIIe siècle, l'autre du XIIe. Ce sont de vrais sépulcres du moyen âge. Mais l'obscurité qui tombe de la voûte sombre va nous couvrir comme un suaire. Le jour baisse tellement, que nous apercevons mal ces monuments vénérables. Impossible de distinguer une statue du grand saint Michel.

Nous suivons la rue du Château. Le Guide Joanne recommande aux touristes les ruines de l'église de Saint-Colomban, du XIIIe siècle, avec une fenêtre de gothique flamboyant qui découpe sur le ciel son ogive d'un dessin très pur.

La petite rivière de l'Isole coule au milieu de la ville. Les vieilles maisons baignent leur pied dans l'eau courante, comme à Rouen. Les rues en pente raide de l'ancienne ville, silencieuse et déchue, sont pavées pour les piétons, à l'endroit des trottoirs. Au milieu, on a conservé une bande de terre qui retient les chevaux et les empêche de glisser. A la descente, leurs sabots mordent dans la terre molle. Des rues en escaliers qui dévalent et dégringolent, me rappellent Galata, le faubourg de Constantinople.

La population frappe par la beauté de ses lignes très pures. La race bretonne n'est point ici abâtardie. Un sang riche coule dans les veines des Quimperlois. Des femmes superbes, au type élégant et gracieux, passent près de nous. Leur corsage de drap moule leurs formes sculpturales. Les hommes, en veste noire et en pantalon large, portent la tête d'un air très crâne. Aperçu quelques-unes des jolies filles de Pont-Aven, chantées par Anatole France, les modèles favoris des peintres bretons, très gracieuses avec leurs grandes et blanches collerettes tuyautées, leurs coiffes à ailes de moulin, leurs jupes noires plissées comme un accordéon.

Nous rentrons ; le dîner est copieux comme toujours en Bretagne. Impossible, même pour le plus gourmand, de toucher à tous les plats.

Mais l'inquiétude plane dans l'hôtel. Le médecin vient de déclarer que le maître de l'établissement est absolument perdu. Il souffre depuis longtemps d'une maladie de cœur. On dit qu'il ne passera pas la nuit. Et malgré ce malheur imminent, l'hôtel va son train tout de même, dans le tumulte des entrées et des sorties de voyageurs.

Le soir, je fume un cigare de digestion et je me couche. Auparavant, nous avons acheté, pour les envoyer à nos amis, des douzaines de crêpes à dentelle, minces comme des feuilles de papier. Il faut une grande dextérité de main pour lancer la pâte sur la poêle tenue perpendiculairement. N'y arrive pas qui veut. Aussi y a-t-il des marchandes plus ou moins renommées. Nous allons chez une bonne faiseuse qui parfume à la vanille ou à la fleur d'oranger, ces *plaisirs* du pays.

PONT-AVEN

25 septembre.

Le maître de l'hôtel de Quimperlé est mort cette nuit. Les volets clos de sa chambre nous l'indiquent. A la porte réservée de son logement on a déjà mis une petite tenture noire. Le fils pleure silencieusement dans le bureau de l'hôtel, en préparant notre note. La tristesse est dans la maison lorsque nous la quittons. Un petit duc — rien de celui de Lecocq — nous emporte; sur l'arrière de la voiture s'entassent nos bagages.

C'est aux premières lueurs de l'aube que se prépare et que s'effectue notre départ. Le cheval paraît bon, si la voiture est étroite.

Nous gravissons lentement les hauteurs de Quimperlé ; au milieu des coteaux boisés et verdoyants, peu à peu se déroulent à nos pieds tous les environs. La ville paraît noyée dans la verdure. Ce joli coin de terre est vraiment l'Arcadie de la Bretagne.

Mais il faut une ombre à ce poétique tableau, il faut aussi justifier l'adage que rien ne se perd dans la nature. Sur les murs qui longent la route, côté du soleil, des ardoises posées à plat se détachent en saillie et servent de séchoirs à des mottes faites avec de la bouse de vaches.

La route est presque déserte. De la poussière, des landes arides et des haies de troènes. De loin en loin, émergent quelques maisons misérables ; sur les portes, des femmes pauvrement vêtues nous regardent passer avec étonnement. De temps à autre, notre véhicule croise un piéton qui s'achemine vers un village voisin. Ce n'est plus l'ancien breton de ma jeunesse avec ses longs cheveux et son bragou-braz (les braies d'autrefois). Il a dû couper ses cheveux au régiment et, revenu du service, il les a gardés ras, par habitude. La propreté y a gagné, mais le pittoresque y a perdu.

Nous voici à Pont-Aven, le Barbizon

de la Bretagne, une résidence d'élection pour les peintres de tous les pays et de tous les genres.

Pont-Aven.

Un petit trou pas cher, assez pittoresque et fort sale, tel nous apparaît Pont-Aven au premier aspect. Je sais bien que l'eau gazouille à travers les rochers et que les quatorze moulins, avec leurs roues que fait tourner le courant, sont une vraie curiosité.

Nous descendons chez Julia. Pas un seul peintre à la table d'hôte, rien que des Anglais et des Américains. Ah! décidément, les Anglais foisonnent trop dans ce pays, ils en chassent les peintres. Ces fils d'Albion poussent à l'excès l'égoïsme et le sentiment de leur importance; ils sont partout chez eux.

La peinture n'est représentée que par un Le Blant, pendu au mur. Mais la bonne Julia, célèbre dans l'univers entier, a pour ses pensionnaires une annexe avec un salon orné de peintures; on y remarque notamment un bon Anker.

La pension coûte 120 francs par mois, pour les philistins, mais, avec les artistes, il doit y avoir des accommodements.

Non loin de chez Julia, sur la petite place, se trouve la pension Legloannec, le prix de 55 francs par mois est invraisemblable, même en ce pays de cocagne où le litre de lait vaut un sou et le cidre quatre sous. On dirait du « Cabaret de l'Assassin », sis au versant de la butte Montmartre. Dans la cuisine, l'œil s'arrête sur une belle armoire et un beau banc à barreaux lisses et luisants. Poli par le temps, le bois est devenu couleur de marron d'Inde. Dans l'étroite salle à manger, des tableaux font le tour, tapissent les murs comme à Chevreuse. Toute une série de Gaugain, plus fantaisistes les uns que les autres, offre un amusement pour les yeux.

Après le déjeuner, tout en flânant, rencontré M. Charles Merlet, cousin de Charles Gueulette, mon ancien collègue au comité de la Société des gens de lettres. M. Merlet aime passionnément les arts. Venu pour un jour, il reste, depuis plus d'un mois, installé chez Julia. Le pays lui plaît.

Il nous mène au café des Arts, un petit caboulot dont la fenêtre est garnie de vitraux à sujets symboliques, dans le genre de ceux que Willette a peints pour le *Chat Noir*.

Pont-Aven prépare une exhibition de peinture avec une tombola ; on pourra dire prochainement : « le Salon de Pont-Aven ». Ce sera le signal du départ des peintres, le moment qu'ils choisiront pour aligner leurs comptes. S'il y a des guichets à l'entrée de l'Exposition je suppose qu'il n'y aura pas de médailles.

Admirable d'élégance, le costume des femmes de Pont-Aven. J'en achète un chez une mercière, pour habiller un mannequin.

Le costume complet se compose de la coiffe avec sa passe et son losten, du gilet, du corsage, de la jupe, des bas. Les rubans et le tablier sont aux couleurs assorties. Sur les petits souliers sont plaqués des nœuds de rubans noirs. La jupe est toute garnie de velours.

Ici, comme ailleurs, la mode règne. Le costume n'est plus celui d'il y a cinquante ans. Le bon ton, la suprême élégance consistaient alors à ne pas laisser paraître les cheveux sous la coiffe, à les cacher entièrement sous des galons de laine, qui les mangeaient pour ainsi dire.

DÉPART DE PONT-AVEN

25 septembre.

A Tregunc (vallée des pleurs), notre première étape, une église à visiter. Hélas! le chœur, le jubé, la chaire, tout est du plus pur gothique... de l'an de grâce 1891. Dans l'église, un jeune séminariste étudie seul sur l'harmonium.

Le son de l'orgue est fait pour les églises, comme le son du cor pour les bois. Il donne une impression de suavité, de recueillement tout à fait en harmonie avec le lieu saint.

Notre cocher nous indique dans le voisinage la Roche branlante de « Mère Dagoin », autrefois la pierre de touche de la fidélité conjugale et dont le vrai nom est Men Dagon.

C'est un énorme bloc presque rond qui se tient en équilibre sur trois pointes, comme la roche branlante de la forêt de Fontainebleau. La femme infidèle n'arrive pas à l'ébranler. Les autres, au contraire, la font mouvoir sans la moindre difficulté. Terrible épreuve pour le mari trop curieux, il y a de quoi en avoir froid dans le dos tant que la pierre ne remue pas.

Ce ne sont que montées et descentes très rapides avant d'arriver à Concarneau.

CONCARNEAU

25 septembre.

Dès l'arrivée, les regards sont attirés par le bassin à flot. Puis la ville close, entourée de murailles qui ont bravé le temps et les efforts de la tempête.

Ces petits ports ont toujours le même aspect. On dirait de vieilles gravures conservées chez un marchand d'antiquités. En bordure, sur le quai, s'étend la ligne des maisons avec les hostelleries et les cabarets pour les marins. La place d'armes figure un grand carré planté d'arbres, avec des bancs où les valétudinaires, les vieux retraités, appuyés sur leurs cannes, tracent des ronds, décrivent des paraboles, pour souligner les récits de leurs campagnes maritimes.

Je rencontre Camille Bernier, le grand peintre paysagiste, mon vieil ami. La Bretagne est son pays d'adoption. Il habite près de là, à Bannalec.

Combien de belles toiles datées par lui de ce coin perdu du Finistère ! Il porte un costume de chasse, des guêtres de cuir, une vareuse, un chapeau Henri IV, moins le panache blanc. Je le trouve triste, il est sous le coup d'un grand chagrin.

En sa compagnie, je vois le peintre Deyrolles, encore un fervent de la Bretagne, de ses foires et de ses pardons. Il est domicilié dans les environs. C'est aussi un artiste de talent, frère de Deyrolles, le naturaliste de la rue du Bac.

Nous nous dirigeons vers l'aquarium de M. Coste, installé au bord de la mer. Ce vaste cuvier avec ses fosses profondes se trouve en communication directe avec la mer. Dans de grandes salles, des bassins sont aménagés pour les poissons. Des milliers de langoustes vivent dans ces réservoirs. Heureuses langoustes, elles ont échappé à l'anathème populaire qui frappe le homard.

Le gardien tire de l'eau une raie-torpille ; en la touchant, elle vous donne une secousse électrique. Dans l'avenir, on utilisera peut-être cette force perdue.

Concarneau jouit près des peintres d'une faveur méritée. L'antique cité,

Concarneau. Entrée de la ville close.

enserrée dans un corselet de vieux murs, est fort curieuse; on y accède par un pont-levis, comme en plein moyen âge. Les maisons datent des siècles derniers. Toutes les constructions ont défié le temps et conservé leur caractère antique. On se croirait dans la cité de Carcassonne.

Il faut voyager dans ces régions en artiste, en historien, en poète. Un peintre du cru, dont les toiles ont la couleur locale des vers de Brizeux, M. Alfred Guillou, de Concarneau, a familiarisé avec le pays les visiteurs de nos salons annuels.

La vie est pour rien à Concarneau; au Grand-Hôtel ou à l'hôtel de France, des repas pantagruéliques sont servis pour la modique redevance de deux livres et dix sous.

Nous retrouvons là nos amis de Rouen. Ils sont à une table de café sur la grande place et nous hèlent. Ils paraissent très enchantés d'avoir pris un peu de repos, pendant que nous faisions nos courses échevelées dans les parages de Pont-Aven et de Quimperlé.

Nous quittons avec eux Concarneau. Comme bien souvent en Bretagne, la gare est au sommet d'une longue côte, et loin de la ville.

En route pour Quimper !

A la gare de Rosporden nous attendait un spectacle digne d'inspirer Callot, le peintre des gueux. Des men-

Sonneurs de biniou.

diants jouent des airs champêtres sur leurs binious. Ils sont accompagnés d'une femme affligée d'un goitre gigantesque qui pend, énorme, sur son épaule, jusqu'au milieu du dos, et ressemble à une panse de cornemuse. La malheureuse ! cette horrible difformité est pour elle un capital. Elle la dissimule à moitié sous une peau de mouton, pour apitoyer les âmes charitables et faire sa recette.

Spectacle hideux et que l'on regarde malgré soi ! Triste humanité !

QUIMPER ET PONT-L'ABBÉ

25 septembre.

Nous voici à Quimper-Corentin. Une ville élevée à la rencontre de l'Odet et du Ster. Kemper veut dire confluent. Pourquoi La Fontaine voulait-il qu'on y envoyât les gens pour les faire enrager ? La ville est jolie, presque gaie, elle renferme des magnificences anciennes.

Dans l'hôtel de l'Épée, où nous descendons, sur le quai, tout est à l'épée, peinture, sculpture et jusqu'au service de table, dont les assiettes portent des épées en sautoir.

Près de l'hôtel, un magasin d'antiquités. Le marchand est persuasif; sa fille, encore plus que lui, pousse à la consommation avec une verve dont j'ai vu peu d'exemples : « Achetez-moi quelque chose, » dit-elle d'un ton presque suppliant.

Pour un peu, vaincu par ses instances

on emporterait une des drogues de la boutique. Je sors en promettant de venir revoir un lit à coulisses, spécimen de l'art breton.

Tout le long de notre promenade, défilent de vieilles maisons moyen âge, construites en bois, ayant pignon sur rue. On nous en montre une qui date de 1640 et qui a toujours « fatigué », comme on dit en Bretagne.

La petite rivière de l'Odet coule au milieu de la ville avec un bruit joyeux. Elle est gaie, proprette, à peine plus large qu'un ruisseau. Nous en suivons le cours sur les belles allées de Locmaria pour visiter, avec nos amis, la fabrique de la Hubaudière, autrefois dirigée par M. Fougeray. C'est dans cette faïencerie que furent retrouvés, jadis, dans un grenier, des anciens poncis du xviiie siècle. Quimper faisait la vieille corne rouennaise et tous les dessins à l'œillet et au chinois importés par un faïencier de Rouen marié à la fille du directeur. Mais aujourd'hui le genre vieux, le pseudo-Rouen ne plaît plus. On vend de l'authentique ou rien. Aussi ne reste-t-il aucun vestige de la fabrication d'antan. La fabrique la rachète pour former un petit musée et elle se borne à produire du moderne à outrance avec des paysages bretons comme ornements.

Nous nous faisons montrer des pièces intéressantes décorées d'après Yan Dargent. M. Sol est directeur de cette fabrique qui n'a pas cessé d'appartenir à la famille de M. de la Hubaudière. Les pièces imitées de l'ancien ne peuvent servir à la contrefaçon. Elles sont soigneusement marquées pour éviter aux marchands la tentation d'une vente déloyale.

La cathédrale, sous le vocable de saint Corentin, est grandiose. Sur sa façade, la pierre a été fouillée comme de la dentelle, par toute une génération de sculpteurs. La vieille basilique a la forme d'une croix. Ses deux tours, très élevées, ont été restaurées récemment.

Le chœur est incliné vers la gauche, du côté du nord. Cette disposition, qui se rencontre souvent, rappelle l'inclinaison du Christ sur la croix, penchant, après sa mort, la tête sur la poitrine.

Très curieuse, très caractéristique la sortie de la messe, le dimanche. Le bruit des sabots qui frappent le pavé évoque un souvenir profane, celui d'un rappel au théâtre, ou des applaudissements qui suivent la chute du rideau. Je suis frappé de voir tant d'hommes sortir de l'église. On est très dévot en Bretagne, pays classique des légendes sacrées.

C'est ici qu'il faut venir pour étudier le costume breton, si pittoresque. Les hommes sont coiffés du large feutre noir cerclé de rubans de velours dont une boucle d'argent ou de nacre retient les deux bouts, qui retombent en arrière. Une chemise à col très haut, une veste courte, un gilet à bordures multicolores et une ceinture à large plaque de cuivre, complètent l'ajustement qui a traversé le temps sans se modifier beaucoup.

Les femmes portent une coiffe à ailes,

le corsage lacé à manches très serrées,
le petit tablier à raies, les souliers à

A Quimper.

boucles d'argent, costume d'opéra-
comique qui s'efface peu à peu devant
les progrès de la civilisation, comme

biéntôt disparaîtra le « Lion d'Or », non loin de là : une vieille hôtellerie coiffée d'un toit immense semblable à un grand feutre enfoncé sur un visage.

Nous pénétrons, pour mieux voir la grande auberge, dans la cour des messageries, où se dressent de grandes tours, recouvertes d'ardoises.

Un assez piètre musée est installé à la mairie. Avec un très petit nombre de tableaux modernes : les *Chouans* de Le Blant et la *Mort de La Tour d'Auvergne*, de Moreau (de Tour), je note un grand nombre de copies sans valeur de l'école italienne et de l'école française du xviiie siècle.

L'archéologie est représentée par des haches celtiques de toutes les couleurs; j'en vois une grande en granit rose d'une variété fort rare qui ferait envie à plus d'un collectionneur de préhistoriques.

Mais rien ne vaut, comme curiosité, le musée des costumes du pays, aménagé dans une vaste salle. Au milieu de tous ces costumes bariolés et pittoresques de Pont-Aven, de Pont-l'Abbé, de Lesneven, de Scaer, de Fouesnant, éclate comme une fanfare de couleurs le costume rouge, bordé d'or, des femmes de Ploaré près Douarnenez. Tous les personnages, parés de leurs habits de fête, sont de grandeur naturelle. Ce petit musée Grévin de la Bretagne me paraît des plus exacts. Il est vraiment curieux pour l'histoire du costume.

Une visite aux revendeurs s'imposait. Hélas! ce sont de pauvres fripiers; rien à glaner chez eux : des lots de vieux matelas, des lits de fer ou d'acajou, des quenouilles d'autrefois, des chaises percées et repercées, des tables de nuit en fût de colonnes. Ils vous reçoivent d'un air ennuyé, comprenant qu'ils n'ont rien à vous offrir. L'odeur âcre des guenilles me monte à la gorge; j'entre dans un café pour boire un verre d'Hennessy destiné à tuer les microbes. Je trouve cependant un franc à pied de Charles V, en or; je le paie bon marché chez un petit orfèvre honnête, sur le quai riant de la petite rivière de l'Odet.

Nous prenons dans la journée le chemin de fer pour aller visiter Pont-l'Abbé.

PONT-L'ABBÉ

Pont-l'Abbé est la ville des brodeurs. Partout des boutiques où l'on confectionne de fines broderies de soie jaune sur fond noir, avec des dessins qui n'ont guère varié depuis des siècles.

Notre visite tombe le jour de la fête de Tréminon. Toute la population est en liesse. Sur la grande place on danse le *jabado* — cette bourrée bretonne.

Le costume des femmes de Pont-l'Abbé est célèbre dans toute la Bretagne. Leur coiffure qui rappelle, dit-on, celle des Gauloises, se compose du petit bonnet de velours noir et de la coiffe en pignon de couleur; bride sous le menton, nœud de côté sur la joue. Il y a dans le pays, pour désigner cette coiffure, un mot pittoresque : bigouden. Comme chez les Suédoises, les cheveux, ramenés sur le haut de la tête, sont presque entièrement

cachés par la coiffe, qui laisse voir à
peine une petite boucle derrière la
tête. Un plastron montant, brodé de
jaune ou d'écarlate, serre la poitrine.
Les manches, larges et flottantes, cou-
pées au milieu du bras, sont couvertes
de broderies jaunes pareilles à celles

Bigouden de Pont-l'Abbé.

des gilets masculins. Pour les mariées,
on y met autant de galons d'or qu'elles
ont de milliers d'écus.

Les hommes portent le chapeau à
trois boucles; quelques-uns, en très
petit nombre, ont conservé la culotte
bouffante, dite bragou-braz. Ils se
couvrent de gilets superposés. Tous
sont de race pure et vigoureuse.

La fête du pays a lieu sur le champ

de foire. Nous y allons. La couleur locale s'efface de plus en plus, hélas! Saint-Cloud est le type, le modèle de ces fêtes. Elles ressemblent ici à ce qu'elles sont aux environs de Paris : toujours des tirs au pistolet et à la carabine, des marchands de macarons, des femmes colosses ou torpilles, des jeux de massacre, des chevaux de bois qu'un cheval vivant fait tourner, avec un orgue qui moud le « Père la Victoire ». Quelques boutiques présentent cependant une physionomie originale. On y vend des épingles bretonnes, pendant qu'à côté des marchandes installées en plein air débitent des crêpes légères et appétissantes.

Grimpés sur deux barriques, un joueur de hautbois et un joueur de biniou breton, forment un orchestre aux poumons infatigables qui se tient au milieu de la place qui porte, je crois, le nom pittoresque de Place au Beurre.

Les danses du pays sont caractéristiques. Les danseurs, hommes et femmes, tournent d'abord lentement, puis à un

moment donné, sautillent ensemble
Ensuite, les couples se séparent et
tournent isolément l'un autour de
l'autre.

Les Bigoudines dansent aussi une
sorte de gavotte primitive et appro-
priée aux mœurs populaires, très différente de la gavotte du xviii° siècle,
qu'exécutaient avec toutes leurs grâ-
ces les marquises poudrées et les seigneurs à talons rouges. A Pont-Labbé
le cavalier fait passer sa danseuse
derrière lui en un très curieux changement de main. Le danseur et la danseuse renouvellent cet exercice, puis
se mettent à sautiller l'un en face de
l'autre. Et c'est tout.

Mais la vraie danse nationale est le
jabado, une sorte de quadrille fantai-
siste, dont je n'ai pu très bien saisir au
passage les figures assez peu compli-
quées pourtant. J'ai remarqué un
avant-deux suivi d'un changement de
danseuse et un galop final très entraî-
nant.

Il paraît que les Pont-Labbéennes
aiment tellement la danse qu'au mo-

ment de leurs fêtes elles s'y livrent trois jours et trois nuits sans s'arrêter. Je donne ce petit racontar pour ce qu'il vaut.

Les hommes, eux, font des pauses; ils se grisent dans l'intervalle avec de l'eau-de-vie de grain, qu'ils vont cuver dans les coins. Ils ont une autre vilaine habitude, ils chiquent en vrais marins qu'ils sont, et lancent de temps à autre, entre leurs dents, une petite fusée jaune.

J'examine la physionomie de ces gens-là. Les femmes ont de larges faces rondes et rouges encadrées dans leurs coiffes ; des bras emmanchés de grosses mains, très laides pour la plupart. Leur costume ne contribue pas, du reste, à leur donner de la grâce. Leurs robes, en grosse étoffe plissée, se composent de trois jupes superposées : une jaune, une rouge, une noire. Un petit bourrelet passe autour de la taille pour donner de l'ampleur à la robe. Cet entassement d'étoffes ne peut qu'alourdir la tournure.

Beaucoup de femmes portent de

gros sabots noirs ; mais celles qui dan-
-sent se chaussent de gros souliers de

À Pont-l'Abbé.

cuir découverts, qui ne les rendent
guère plus légères.

Nous quittons ces jeux et ces ris pour aller voir les enfeux du xvie siècle, dans l'église Notre-Dame des Carmes, qui possède une admirable rosace dans le pignon du chevet.

QUIMPER (Suite).

Le soir, nous reprenons le train pour Quimper. A notre arrivée, il faut s'asseoir à une table d'hôte banale, qui n'a rien d'attrayant avec ses Anglais en complets à carreaux et ses Anglaises à longues dents.

Le lendemain matin, par un temps superbe, je retourne à la cathédrale bien située, au centre de la cité, sur une place qui permet de voir la façade avec un recul suffisant. Les clochetons modernes qui surmontent les vieilles tours découpent leurs silhouettes sur le ciel bleu. Je ne me lasse pas d'admirer Saint-Corentin. C'est un édifice où le gothique flamboyant domine. Il fut construit du XIII° au XV° siècle. Les lignes sont grandioses. Très crâne le lion casqué de Montfort, au milieu du fronton, au-dessus du portail. Entre les deux tours, la statue équestre du roi Gradlon, père de la voluptueuse princesse Dahut qui inspira si bien le musicien Lalo dans son opéra « Le Roi d'Ys ».

La nef immense de la cathédrale ressemble à une forêt pétrifiée. Les colonnes paraissent des arbres gigantesques, et les frises, des feuilles de lierre ou de chicorée d'une rare délicatesse. Une multitude de chapelles secondaires, devant lesquelles je passe, me font l'effet de charmilles de pierre ; l'une est décorée de fresques par Yan Dargent, dans le double sentiment mystique et breton. Contre les vieilles murailles, de nombreux enfeux, sépultures des familles nobles du pays.

Sur la place, près de la cathédrale, s'élève la statue en bronze, un peu froide d'exécution, du grand médecin Laënnec, né à Quimper, l'inventeur de l'auscultation. Laënnec fut le médecin de la famille de ma mère ; je crois même me souvenir que c'était lui qui l'avait mise au monde.

Quimper possède une belle rue, la rue Kéréon, où se trouvent les magasins élégants, que les habitants me montrent avec orgueil. C'est là leur rue de la Paix. Pour moi, j'aimerais mieux de la couleur locale.

Je visite la fabrique A. Beau et A. Porquier que j'avais vue déjà, il y a vingt-cinq ans. On y fabriquait alors des grès bruns. On y fait maintenant, comme chez les de la Hubauderie, des faïences artistiques dans le goût moderne. Longtemps la fabrique bretonne a pastiché le vieux Rouen. Depuis peu d'années, elle a dû abandonner cette reproduction qui ne se vendait que difficilement.

Je vais déjeuner chez mes parents les Delplanques, que je n'avais pas revus depuis vingt-cinq ans. Le repas est tout intime et de famille. Nous parlons de tous les disparus, si nombreux, hélas! Morts les oncles, les tantes et les cousins de ma mère. Plus rien qu'une génération nouvelle qui m'est complètement inconnue. J'ai déjà beaucoup vécu!

Delplanques a quatre-vingt-trois ans qu'il porte gaillardement. C'est un excellent vieux, à la figure douce encadrée de cheveux blancs. Sa fille ne le quitte pas. Elle a pour lui la fidélité d'Antigone. Ce sont vraiment des cœurs d'or. Leur réception simple et cordiale me touche beaucoup.

En sortant de chez ces bons parents, je n'ai que le temps de courir à l'hôtel. L'omnibus nous attendait déjà sous le porche. Les chevaux piaffaient, et le cocher aussi.

Nous allons à Landerneau.

LANDERNEAU

La gare est tout en haut, un plan incliné à descendre.

Mais charmante, la petite ville.

Landerneau dut son ancienne célébrité à ses toiles; une autre renommée lui vient du fameux dicton mis en circulation par Alexandre Duval, dans sa comédie *Les Héritiers* : « Il y aura du bruit dans Landerneau. »

Encore une réputation usurpée ! Ici le calme est absolu. Aucun tapage. Beaucoup de mélancolie. Un sentiment de tristesse vous gagne.

Un vieux moulin à eau, un pont jeté sur l'Elorn et bordé par des masures, comme l'était autrefois le Pont-Neuf : telle est la première impression.

Comme détails, deux églises fort curieuses. L'une sous le vocable de saint Thomas de Cantorbéry. Sur une corniche, deux animaux sculptés : un renard guettant des poules, un porc ayant le museau à la clé d'un tonneau de vin.

L'autre s'appelle Saint-Houardon, du nom de ce saint qui, suivant la légende, vint d'Angleterre dans une auge de pierre. A l'intérieur, un bénitier aux mâcles des princes de Rohan, seigneurs de la ville. Çà et là de vieilles maisons des xvie et xviie siècles, à pignons sur rue, à fenêtres gothiques et à entablements moulurés.

Quelques pas plus loin une maison à pignon en bois du xvie siècle et à côté une maison à tourelles du xve siècle.

Voilà ce que nous avons vu entre deux trains.

Nous repartons pour Brest.

Le pont de Landerneau.

BREST

28 septembre.

Quand on parle de Brest à un Brestois, il vous cite tout de suite le cours d'Ajot. A l'entendre, ce cours planté de beaux arbres, et d'où la vue s'étend sur la rade, est sans rival au monde.

C'est en effet la promenade favorite, le jardin des Tuileries de Brest. Toutes les intrigues galantes s'y ébauchent. Les officiers de marine y paradent en uniforme, les dames en toilette élégante. Dans les allées, à certains jours, se font entendre la musique militaire et l'excellente musique des équipages de la flotte.

Il pleut presque toujours à Brest, au moins pendant les deux tiers de l'année. Nous sommes à la pointe extrême du Finistère, aussi les nuages chargés de vapeur tournent sans cesse autour de cette ville, certes, la plus humide de France. On lui applique en

Bretagne le même sobriquet qu'à Rouen le « pot de chambre » de la Normandie. Les Brestois vivent presque toujours au milieu d'une pluie fine qui tombe sans s'arrêter. Ils l'appellent « le crachat ». Habitués à cette humidité, ils n'y prennent plus garde. Sous les averses et les ondées, les hommes se promènent avec ou sans parapluie. Les dames, elles, ne sortent jamais sans leur caoutchouc. Très pittoresque cette exhibition de waterproofs aux nuances variées.

Les ivrognes des deux sexes sont nombreux à Brest, on y boit sec et beaucoup. Il y a 25.000 ouvriers du port qui ne connaissent pas d'autre délassement à leurs rudes travaux que la bolée de cidre ou la goutte d'eau-de-vie. Du samedi au lundi, on fourre au bloc nombre de gens ivres, et le promeneur matinal enjambe souvent le corps d'un ivrogne endormi qui cuve son vin.

A Brest, tout pour la marine et pour le marin. On est sur le pont d'un vaste cuirassé. Le pékin n'y jouit que d'une mince estime. Il faut avoir du galon, et la considération monte suivant le nombre des galons; un pour l'aspirant, deux pour l'enseigne, trois pour le lieutenant de vaisseau, et ainsi de suite.

Le cercle de premier ordre, le Jockey-Club de l'endroit, se nomme le cercle des Vêpres, fréquenté par les « grosses légumes », la graine d'épinards.

En somme, Brest est triste, gris, boueux et mélancolique, comme toutes les villes officielles. Le sous-inspecteur des douanes, M. Dupont, dont j'ai suivi la carrière avec le plus vif intérêt, était venu au-devant de moi à la gare. Après une courte installation à l'hôtel, il nous entraîne chez lui : dîner charmant, plein de souvenirs parisiens, arrosé d'excellent cidre mousseux de Normandie, et de vieille eau-de-vie de la Rochelle.

A Brest, quand on se promène, on est toujours amené à passer devant les portes de l'arsenal. Des gardiens nombreux et désœuvrés se tiennent près des grilles pour défendre l'entrée aux intrus. Ce sont des cerbères du reste inoffensifs.

Les ouvriers défilent devant eux par milliers. Tous les soirs, on a le droit de les soumettre à une visite pour s'assurer s'ils n'emportent pas des objets dérobés dans les ateliers.

— Vous avez dû en pincer souvent, des voleurs, — disait un jour un visiteur à un gardien.

— Nous en avons encore laissé passer davantage, répondit le gardien morose dont je ne partage pas l'opinion.

Il y a, dans un grand port militaire comme Brest, des abus de toutes sortes, des traitements que rien ne justifie. Que de réformes à opérer! Le département de la marine est l'objet de violentes attaques. Mais je passe, n'ayant point pour mission de réformer des abus séculaires.

L'aspect de la rade, vue du cours d'Ajot, est splendide. Les cuirassés à l'ancre se détachent magnifiquement sur la nappe verte de la mer.

L'officier de marine pourrait s'appliquer bien souvent le couplet si connu du *Chalet* :

> Dans le service de l'Autriche,
> Le militaire n'est pas riche...

il a beaucoup plus d'or sur ses manches que dans ses poches.

Brest ne passe pas pour une ville saine. Les émanations nauséabondes de la Penfeld l'empoisonnent. A marée basse tous les égouts qui débouchent près du grand pont ont leur lit qui se retire avec la mer. Il ne reste plus qu'un ruisseau d'immondices.

Dans l'arsenal, de grands bacs sont constamment remplis d'une eau saumâtre qui n'est jamais vidée. Ce sont des réservoirs qui servent aux pompiers. Quand le bac se vide un peu, par suite de l'évaporation, on le remplit d'une eau qui devient forcément croupissante à son tour.

Et pourtant — admirez la routine réglementaire — la mer est à deux pas. Avec un simple tuyau on y puiserait à même, en cas d'incendie. Mais ce vieil errement occupe un personnel qui a ainsi sa raison d'être.

A Brest, le vrai costume breton ne se montre guère ; pas de bragou-braz : le pantalon d'ordonnance, le béret, le col marin, le chapeau ciré dominent.

Avoir des protections, voilà le mot d'ordre, la grande préoccupation. Aussi les fils d' « archevêques » — c'est ainsi qu'on désigne les fils ou les gendres des amiraux — sont-ils plus poussés, ont-ils plus de chance d'arriver que les autres. « Ils ont un piston naturel, » dit-on.

BREST

PLOUGASTEL

29 septembre.

Nous sommes partis de grand matin pour aller voir le calvaire de Plougastel-Daoulas, l'une des curiosités de l'art de la pierre en Bretagne.

Nous descendons de voiture à la station de Kerhuon, non loin du manoir disparu où le bon Lancelot du Lac vit le jour. Il faut marcher longtemps pour arriver au bac qui fait la traversée de l'Elorn ou rivière de Landerneau, dix fois large comme la Seine. Le chemin est bien monotone, mais la route est excellente, bien macadamisée, un vrai tapis de billard.

Au bord de l'eau, en guise de bac, une vieille embarcation en retraite ayant servi de canot-major, il y a quelque cinquante ans, à un antique vaisseau à trois ponts. Les passeurs au visage basané, la pipe courte aux lèvres, font démarrer la lourde barque, la mettent en mouvement avec de forts avirons. Que tout cela semble loin de nous! De vaisseaux à trois ponts, il n'y en a plus aujourd'hui, il n'y a plus que des casquettes. Après ce passage, nous nous remettons en marche *pedibus cum jambis*. La voiture à l'usage des touristes fait ici défaut.

La route, creusée dans une colline, devient plus pittoresque ; de chaque côté, des rochers de quartz rongés par le temps, des ajoncs acérés, des bruyères roses et des fougères dentelées.

Nous traversons Daoulas, ce bourg où se conservent intactes les mœurs de la vieille Armorique, et nous allons droit au calvaire qui se dresse sur une grande place où pousse l'herbe.

Le monument a l'aspect d'un arc de triomphe, en granit gris, auquel le temps et la pluie ont donné des tons moussus d'une couleur verdâtre. Cet évangile buriné sur la pierre raconte l'histoire du Christ, avec la fuite en Égypte, la Cène et le lavement des pieds. Les nombreuses statuettes, d'une raideur hiératique, portent le costume du xv° siècle, et, malgré leur exécution grossière, elles sont, dans leur naïveté, pleines de sentiment. On voit qu'au bout du ciseau de l'artiste inconnu qui sculpta cette pierre, il y avait une pensée et un élan de foi. Ces ouvriers sur pierre étaient de véritables artistes ; leurs personnages pensent, parlent, dorment, marchent.

Le Christ est étendu sur la croix entre les deux voleurs. Rien de plus curieusement primitif que ces deux larrons, littéralement embrochés sur des chevalets, dans une attitude singulière dont je ne connais pas d'autre exemple.

La croix qui surmonte le calvaire est bretonne, c'est-à dire à plusieurs branches, comme une vigne en espalier. Des bas-reliefs tournent autour du socle. L'un d'eux figure la Mise au tombeau. Sur le plateau de l'édifice se détachent des groupes très expressifs dans leurs attitudes. La scène du Portement de croix est tout à fait couleur locale,

A Plougastel.

avec des musiciens jouant du biniou et du tambourin pour accompagner le cortège.

La tradition veut que ce monument

ait été élevé par les survivants de la peste qui désola le pays à la fin du xvie siècle. Mais quel est l'artiste qui a sculpté ce poème du drame immortel de la Passion? Tous l'ignorent.

Après la visite au roi des Calvaires, nous prenons l'une des rues pour voir le Menez-Hom. Car il faut le connaître ; c'est le colosse de la région, le Mont Blanc du Finistère.

— Avez-vous vu le Menez-Hom ? demande-t-on aux étrangers, un peu comme La Fontaine demandait au premier passant venu : Avez-vous lu Baruch ?

Et cependant ce n'est qu'une petite montagne, presque une colline de trois cents mètres d'altitude au-dessus de la mer, autant que la tour Eiffel.

Mais il n'y en a pas d'autre à vingt lieues à la ronde. Les Bretons du Finistère n'ont pas le droit, en pareille matière, de se montrer trop difficiles. Ils me rappellent les Hollandais pour qui le plus petit renflement de terrain, un simple monticule, devient une colline.

Enfin, comme les Parisiens quand ils regardent la colonne, les Bretons sont fiers quand ils contemplent le Menez-Hom. Il remplace pour eux le capucin du baromètre. Couvert de nuages au sommet quand il doit pleuvoir, il est découvert lorsqu'il doit faire beau. Mais ce dernier cas doit être une exception en cette pointe du Finistère, où il pleut les trois quarts de l'année.

Nous reprenons le même chemin. Arrivés au bac, nous avons la chance de voir s'élever une brise légère, et, portés par elle, nous passons la rivière à la voile, sur la lourde embarcation.

Au retour sur l'Elorn, nous apercevons des pieux fichés comme des pions sur un échiquier. Ils sont destinés à retenir les bois trempant dans l'eau en attendant qu'on les utilise dans les constructions maritimes. Certains de ces pieux ont peut-être bien trois cents ans et le temps destructeur les a épargnés. De loin, ils font l'effet de faisceaux de fusils dressés par des soldats, dans une prairie. Déjà, les plus robustes de ces madriers deviennent inutiles pour la construction. Le fer a tout à fait remplacé le bois.

En rentrant à Brest, après un copieux déjeuner à la table d'hôte, nous nous mettons en route pour aller visiter l'Arsenal, en vertu d'une autorisation donnée à notre ami, l'aimable sous-inspecteur des douanes.

La première étape de cette visite est pour le *Neptune*, un cuirassé de premier rang en armement, qui prépare ses essais dans la rade. Ses deux mâts semblables à deux gros chandeliers du xvie siècle, sont garnies à leur sommet de canons à tir rapide. Le *Neptune* porte aussi quatre canons de 34 centimètres de diamètre, lançant des projectiles de 420 kilogrammes qui reviennent à cinq cents francs. On dit que chacun de ces formidables tubes a coûté cent mille francs.

Cette fin de siècle est décidément le règne du métal. La tour Eiffel l'a bien prouvé.

Le *Neptune* est entouré de filets dits « Bullivant », du nom de son inven-

teur, pour empêcher les torpilleurs
de s'approcher et par son choc faire
éclater les torpilles loin de sa coque.

A côté du *Neptune* se range : le
Suffren, un cuirassé plus ancien et
déjà « vieux jeu », car ici, comme
ailleurs, le progrès marche vite.

Puis les vieux vaisseaux et les vieilles
frégates, *la Flore*, *la Souveraine*, *le Ca-
lédonien*, pittoresques avec leurs guibres sculptées, leurs échelles de com-
mandement, leurs batteries blanches
et leurs gaillards d'arrière chargés de
leurs dorures, de leur balcon, de leurs
sabords. Comme tout cela est loin
déjà ! Ces gigantesques maisons flottantes ne seront bientôt plus que des
curiosités conservées, sous l'aspect
d'un petit modèle, au musée du Louvre.

Adieu l'abordage, le combat à l'arme
blanche, les coups de hache, les
prouesses des marins ! On ne retrou-
vera plus désormais les exploits de
corsaires, héros et titans de la mer,
que dans les romans d'aventures et les
récits de l'histoire. Là seulement on
pourra suivre les évolutions des vais-

seaux, les voir, tirant lentement leurs bordées et, toutes voiles dehors, se pourchassant les uns les autres.

Mais que venons-nous là parler de changement, de progrès ? Tout ce qui est nouveau aujourd'hui devient vieux demain. Les morts vont vite.

Jadis les bâtiments de guerre étaient peints en noir, leur ligne de batterie restait blanche, semblant indiquer fièrement aux boulets ennemis le point où ils devaient frapper.

Actuellement l'escadre du Nord est entièrement grise de la teinte « toile mouillée » prônée par l'amiral Gervais. Dans les parages des mers du Nord, souvent embrumés, ce ton se confond mieux, avec les falaises bretonnes surtout. Dans le midi les bâtiments sont restés au noir. Question d'optique qui varie suivant les pays! Les Anglais ne sont pas d'accord avec nous ; d'après eux, c'est la couleur noire qui est la moins visible.

Partout, sur les quais, des tas symétriques d'obus cylindriques et oblongs. On les compte par milliers, mais combien de ces engins portent? A peine cinq pour cent, selon l'opinion commune. Quelle dépense pour tuer un homme! La vie humaine vaut donc bien cher! A coup sûr, pour quelques-uns, elle a un certain prix.

Je reviens à mon parallèle; au point de vue esthétique, il n'est pas à l'avantage du temps présent.

Autrefois les galères et les caravelles étaient des chefs-d'œuvre d'art agréables à voir, avec leur gaillard d'arrière relevé d'une façon monumentale; « château d'arrière », disait-on, et, vraiment c'était bien là le nom de ces constructions curieuses, dorées et sculptées, aux triples et quadruples étages de balcons. Les « guibres » se profilaient fièrement ornées des bustes polychromes de héros, de dieux et de déesses mythologiques dont ils portaient le nom : *Eole*, *Neptune* ou la *Fortune*; tantôt ils se servaient de leurs voiles élégantes, tantôt de leurs triples rangées de rameurs. C'était élégant et gracieux.

Maintenant les cuirassés sont laids,

difformes, de véritables monstres. Les lignes sont lourdes et massives. Plus d'art, des lignes d'ingénieur qui choquent l'œil.

Nous continuons notre promenade dans l'arsenal. C'est une véritable cité. Avec l'immensité de ses ateliers de construction, elle couvre plus d'espace que Brest.

Voici encore les deux garde-côtes, *le Fulminant* et *la Tempête*, de formes bizarres, bas sur l'eau aux extrémités, et qui portent une tourée fermée avec deux grosses pièces de longue portée.

Nous arrivons aux ateliers de construction navale. Sur les chantiers, on monte le gabarit du *Charles-Martel*. Cette immense carcasse, du plus curieux aspect, me rappelle le squelette de baleine exhibé dans l'une des salles du Muséum de Paris.

Après un regard donné aux croiseurs, *le Nielly*, *le Primoguet*, *le Chasseur*, *le Forfait*, vieux croiseurs de bois démodés aujourd'hui, nous arrivons aux grandes cales sèches, où l'on fait entrer les navires en réparation.

On dirait de grandes saucières vides.
Dans le fond une ligne de madriers.

On commence par ouvrir la porte du bassin. L'eau le remplit, on y fait entrer le navire ; puis, la porte fermée, de puissantes pompes ou la marée descendante vident ce réservoir, quand le bâtiment cesse de flotter, vient se reposer alors par sa quille sur des tains, et on peut examiner aisément sa coque.

A l'époque où les vaisseaux étaient en bois non doublé de cuivre, des ouvriers du port trouvèrent, enfoncée dans la membrure d'un bâtiment, la lame qu'un espadon furieux y avait laissée dans sa lutte insensée contre son puissant rival.

D'autres fois, c'étaient de simples parasites microscopiques, des termites, accomplissant leur œuvre lente de destruction : la goutte d'eau plus forte que le rocher.

En ce moment le *Dupuy-de-Lôme*, énorme croiseur cuirassé, le premier du genre construit en Europe, le spécimen d'une opinion nouvelle, muni pour la première fois de trois hélices, repose sur les tasseaux de la cale sèche. On achève de le revêtir des pièces de sa cuirasse. Ce sont des plaques d'acier de dix centimètres d'épaisseur. Travail formidable! Il faut, en effet, que les plaques cintrées épousent, selon le terme, toutes les formes du navire.

Nous passons maintenant au Musée qui contient les réductions variées des bateaux de toutes les époques, reproduits dans leurs moindres détails.

Superbe surtout, le modèle du *Royal*, contemporain de Louis XVI, qui eut de belles pages dans les fastes de la monarchie.

Le musée de la marine d'Amsterdam et celui du Louvre, si bien partagés pourtant, sont moins richement pourvus que celui de Brest.

A la hâte, nous suivons les salles du musée d'artillerie. Là se retrouvent, disposés en trophées, en panoplies, en pyramides symétriques, tous les engins d'extermination que l'homme a inventés pour se débarrasser de ses ennemis,

ses semblables. Quelle antithèse! Dé-

Brest vu du pont Gueydon.

truire et guérir, ces deux grands problèmes de la science!

Tous les musées d'artillerie se ressemblent. Après avoir vu celui des Invalides, on peut dire qu'on connait les autres. Il faut défiler au milieu d'avenues où les fusils, dans les longues files des râteliers, semblent vous présenter les armes. Au rancart, les canons anciens, enjolivés d'arabesques; les sabres d'abordage, les poignards, que le revolver a fait abandonner! C'était bon du temps des corsaires Jean Bart et Surcouf.

J'ai déjà vu des mitrailleuses du siècle dernier; mais en examinant un canon trouvé à la Martinique en 1590, et se chargeant par la culasse, cela confirme mon opinion que rien n'est nouveau sous le soleil.

Nous voici dehors. Cependant il nous faut encore traverser de nombreux ponts mobiles, formés par des pontons, pour laisser passer les navires au milieu de ce dédale de canaux.

Nous arrivons au grand pont qui unit Brest à la petite ville, très jalouse de son autonomie, de Recouvrance et qui, comme les autres, s'ouvre en deux parties.

En haut du pont National, vraiment grandiose, la vue est magnifique. Elle s'étend sur le clocher pointu de Saint-Sauveur, sur les immenses forges et ateliers de la marine et le vieux château qui a subi tant d'assauts des Montfort, du Guesclin et Clisson.

Aujourd'hui ce n'est plus qu'une caserne qui, comme une sentinelle vigilante, domine l'entrée de la rade, une des plus belles du monde.

Nous rentrons exténués de fatigue. Combien de kilomètres avons-nous parcourus dans cet arsenal, aussi vaste qu'une ville ! Il crachine. Une petite pluie fine qui nous pénètre jusqu'aux os. Nous avons reçu le baptême brestois ! Le vilain climat !

LA RADE DE BREST

30 septembre 1891.

Le lendemain, notre aimable cicerone nous offre une promenade en rade sur la « patache » de la Douane que l'Inspecteur, chef de service, a bien voulu mettre à notre disposition.

A l'heure voulue, nous montons sur le côtre officiel. Le temps est superbe, la mer très calme. Pas de mal de mer à redouter pour les dames qui nous accompagnent.

L'*Éclair* est tenu merveilleusement comme toutes les embarcations de l'État. L'équipage frotte le pont tous les jours. Les cuivreries brillent comme de l'or. Les peintures paraissent d'hier.

Dès que nous sommes installés, les matelots hissent la grand'voile et nous nous élevons lentement dans la baie. Bien appuyé sur le côté où il donne la bande, l'*Éclair* fend l'eau et trace un sillon qui bouillonne derrière nous.

Bientôt nous pouvons juger de l'ensemble de la baie, un véritable lac d'eau salée, l'antichambre de l'Océan.

Le réservoir et le phare de Portzic défilent sous nos yeux. Nous passons devant l'*Intrépide* qui a pris le nom du *Borda*, le classique vaisseau-école, pépinière de nos officiers de marine. C'est un vieux vaisseau à deux ponts qui a beaucoup couru le monde. Sa dernière étape n'est pas la moins glorieuse. Sur son couronnement sont des sculptures comme on les faisait jadis : une panoplie de sabres Empire, entourés de motifs très élégants. Les batteries sont peintes en blanc.

Si l'*Intrépide* fait des officiers avec les jeunes gens admis à l'École navale, l'*Austerlitz*, ancré à peu de distance, fait des matelots avec les jeunes mousses qu'il reçoit. Pour monter à bord de cette pépinière de sous-officiers, les jeunes marins se servent de tangons, les seules échelles laissées sur les navires de guerre aux matelots qui « arment » les embarcations. L'*Austerlitz*, comme son voisin, a des batteries blanches. A l'avant se dresse un Neptune sculpté avec art comme ceux que l'on retrouve dans les salles des musées de la marine. Sur le pont, tout est dans un ordre parfait, à rendre jalouse une ménagère hollandaise.

La péniche reprend sa course dans la rade où nous voyons un troisième vaisseau-école, *la Bretagne*. Là résident les apprentis marins. Ce sont eux qui, lors de la conscription, ont été désignés pour le service de la marine.

Nous passons devant le *Neptune*. Savez-vous ce qu'a coûté chaque coup de canon de combat dans la période de ses essais? Plus de 2.500 francs, paraît-il. C'est assez coquet.

Maintenant le vent est debout. L'*Eclair* tire gracieusement des bordées, un terme nautique qui indique que l'embarcation s'arrête, se retourne pour se mettre de nouveau en marche, inclinée légèrement sur l'autre côté.

L'aspect de la côte est fort curieux. Partout des batteries casematées à l'entrée de la rade. On dirait de vraies taupinières creusées dans la terre. L'appareil de défense semble formidable. De tous les côtés s'élèvent des maçonneries d'où sortent des gueules ouvertes prêtes à vomir des obus. Sur des mamelons apparaissent des canons perfectionnés auxquels la mèche antique ne met plus le feu. Là encore, le progrès a fait son œuvre. C'est l'électricité qui sert à tirer aujourd'hui.

De ces rives on procède, certains jours, à l'exercice à la cible. Pour habituer les artilleurs de la marine à viser sur des navires en marche, on fait traîner, à longue distance, par un bateau à vapeur, une cible flottante. Excellente école, très pratique pour les canonniers.

Là-bas, dans le sud-est, la baie de l'Aberwrach, à l'entrée de la rivière de Châteaulin, un coin admirable, une petite Suisse en miniature, et le village de Landevennec, l'asile des vieux navires hors de service. Dans l'autre coin, le village de Crozon, le Fret, Roscanvel, bourgades de pêcheurs à la vie simple, aux mœurs naïves et pieuses.

Enfin devant nous, au loin, le Goulet, avec les baies de Douarnenez et du Trez Hir, stations balnéaires de Brest. Pourquoi appelle-t-on Goulet l'embouchure de la rade de Brest ? Sans doute par dérivation de goulot. La rade peut être aisément comparée à une bouteille que remplit sans cesse la pleine mer.

Le Goulet est hérissé de canons, barré d'écueils, la roche Mengan et les Fillettes, et admirablement disposé pour la défense, par la nature, contre les entreprises de nos voisins!

Nous voici à la Cormorandière, un tout petit îlot au bout de la rade. Les cormorans, perchés sur les rochers, nous regardent passer sans s'émouvoir. Au loin se dessine la pointe de la vieille Armorique, le Finistère, la *fin de la terre*.

Nous rentrons avec le courant, le vent et la voile. Nous sommes bientôt devant l'escadre du Nord, déjà vue à Quiberon. Les fiers cuirassés se reposent sur leurs ancres.

C'est le *Marengo*, qui date de 1870, à l'époque de la guerre de Prusse. Il ressemble beaucoup au *Suffren*.

Le *Marceau*, construit il y a deux ans, sur le même plan que le *Neptune*.

Le *Requin*, âgé de quatre ans, fier de ses pièces de quarante-deux, les plus grosses de la marine. Il n'a pas été fait dans les chantiers de l'État, et il a dû coûter ainsi moins cher de construction.

Le *Furieux*, petit cuirassé de second rang destiné à la défense des côtes.

Le *Surcouf*, un croiseur rapide employé comme mouche d'escadre.

La *Lance*, un aviso-torpilleur, et quelques autres du même acabit, comme la *Dague* et la *Sainte-Barbe*.

Nous revenons au *Borda*, troisième du nom, Salut au vieux vaisseau! Il est là, majestueux, et comme conscient de l'importance de son rôle. Il inspecte, il préside toute la flotte de la rade. Il en a le droit, car il a vu passer sur son pont la plupart de nos officiers et plusieurs de nos amiraux. Et cependant, comme je l'ai dit plus haut, il n'est que le petit-fils du vieux *Borda*, premier du nom, qui, tout désemparé, achève ses jours maintenant dans quelque coin.

Nous désirons visiter les flancs de cet énorme vaisseau de haut bord que nous pouvons, sans irrévérence, comparer à l'arche de Noé, puisqu'il peuple le monde de marins aux destinées glorieuses. L'*Éclair* accoste du côté de l'escalier d'embarquement. Nous parlementons quelque temps, mais l'aimable fonctionnaire qui nous guide a ses entrées partout. Il se nomme, et la consigne sévère est levée immédiatement. Nous sommes admis à visiter.

Pendant ces pourparlers, notre barque se balance sur l'eau comme une escarpolette. Pour monter sur la plateforme de coupée, il faut saisir promptement l'instant favorable où l'échelle se trouve de niveau. L'opération se fait sans trop de difficultés. Nous voici dans le faux-pont.

C'est la veille de la rentrée générale. Tout est prêt pous recevoir nos futurs amiraux. En sortant du train, ils se rendront d'abord à l'ancien bâtiment des pupilles. Le docteur constatera une dernière fois qu'ils ont bon pied et bon œil, puis, quittant le costume des pékins ils endosseront le pantalon et la vareuse de drap bleu, se coifferont de la casquette à ancre d'or. Alors ils se croiront déjà marins.

Le pont a été astiqué à la brosse avec des soins infinis. Il est d'une exquise propreté. On le dirait tout flambant neuf. Les 200 hommes de l'équipage travaillent ferme depuis huit jours à tout préparer.

Dans l'entrepont, pour rompre les jeunes gens à la vie du bord, des hamacs, en guise de couchettes, des tables collées aux membrures, d'autres renversées au plafond afin de leur faire tenir moins de place. Il faut s'habituer à dormir, à manger, à s'habiller comme on peut, entre les canons. Nous parcourons tout le bâtiment. A noter deux belles salles d'étude, celle des anciens et celle des « fistots », avec des rangées de larges tables surmontées de casiers; ces aménagements pour le travail sont parfaits. Quelle différence avec les bancs et les pupitres noircis des études du collège ! Les futurs aspirants sont mieux partagés que les lycéens. Je parle de ceux de mon temps.

Tout cela est gai et propre. La lumière entre à flots par les sabords pour donner un bel essor à la vie laborieuse et saine du bord. Je ne plains pas les bordachiens. On sait leur rendre le travail facile et agréable.

Voici une salle en gradins avec le grand tableau noir, où le professeur de mathématiques donnera ses leçons d'algèbre et dessinera ses figures géométriques. Dans des cartouches au-dessus des portes se lisent les noms des premiers de promotion. C'est l'encouragement permanent à l'émulation. Voilà une autre salle, dite des modèles, pleine de navires et de machines à vapeur en miniature, découpés par tranches comme des pièces anatomiques, permettant de donner plus de poids aux démonstrations théoriques.

Mais nous ne pouvons prolonger davantage notre visite. Il faut partir. Nous remarquons alors sur la coupée une guérite. On campera là, à partir de demain, un factionnaire pour empêcher les escapades de nos jeunes élèves pris d'un trop vif désir de quitter leur prison flottante, — ne serait-ce que pour une nuit.

Nous rentrons à Brest vent arrière. Au loin nous apercevons l'*Austerlitz*. Les mousses manœuvrent sur les vergues. Ils prennent des ris. On dirait des moineaux posés sur des fils télégraphiques.

MORLAIX ET ROSCOFF

30 septembre au soir.

Dès l'arrivée à la gare, des pauvres nous assaillent, de vrais gueux de la Cour des Miracles, pourvus d'infirmités lucratives.

Ce qui frappe tout d'abord en arrivant à Morlaix, c'est son viaduc avec un double étage de blanches arcades, une œuvre d'art gigantesque du xixe siècle, un des plus beaux travaux exécutés par l'administration des chemins de fer.

Pour descendre rapidement dans la ville bâtie entre les deux collines que rejoint le viaduc, il faut dégringoler les rues formées d'escaliers à larges marches comme dans la Kasba à Alger. On les appelle la rue *Longue*, la rue *Courte*, la rue *des Nobles* ou du nom d'une ancienne rivière, aujourd'hui petit ruisseau, la Bourrette. Je prends ce chemin pittoresque, tandis que l'omnibus contourne la ville par une route en lacets.

Une pluie fine et pénétrante tombe. Ah! cette pluie bretonne, elle nous

Morlaix. Le Viaduc.

poursuivra donc partout! Il semble que nous sommes encore à Brest.

Nous nous installons dans un vieil hôtel, que les commis voyageurs ont l'habitude de fréquenter. Mais le jour baisse et la pluie persiste. Nous ne verrons plus rien qu'à travers une pénombre crépusculaire. Nous nous en tenons à Saint-Melaine, vieille église en partie du xve siècle, comme l'indique l'inscription au-dessus du porche :

« L'an mil quatre centz quatre-vingtz neuf, fut commencée cette église de par Dieu. »

La voûte est en bois, et cependant un froid de sépulcre tombe sur nos têtes. Un dais surmonte les fonts baptismaux de 1660, abîmés par une peinture chocolat. Les colonnettes sont bien grêles pour supporter l'édicule !

La tour de l'église est carrée. A l'intérieur, des sculptures représentent des moines aux attitudes grotesques. Était-ce, de la part des sculpteurs, une vengeance à la Michel-Ange, comme celle que le grand artiste se permit dans la chapelle Sixtine.

ROSCOFF ET SAINT-POL-DE-LÉON

1ᵉʳ octobre.

En route pour Roscoff !

J'achète le *Petit Journal* qui m'apporte une nouvelle foudroyante : Boulanger vient de se suicider à Bruxelles, il s'est tué sur la tombe de sa maitresse !

Quelles tristes réflexions m'obsèdent ! Je pense au soldat qui fut mon camarade de collège et que j'ai vu avec tant de regret entrainé vers la politique. Les souvenirs se pressent dans mon esprit. Il m'apparait dans une vision rapide, éblouissante, à cette revue du 14 Juillet, sur son cheval noir, salué par la foule enthousiaste.

Et son triomphe chez Durand, le soir où il fut élu, à une majorité écrasante, député de Paris ! Je me souviens aussi du banquet où comme président de l'Association parisienne des anciens élèves du Lycée de Nantes, je portai, au restaurant du Lion d'Or, un toast au « futur ministre de la guerre ». Il arrivait alors de Tunisie.

Je le revois chez moi, causant dans la serre avec Georges Clémenceau, après un dîner où j'avais réuni mes collègues du Comité Nantais. Déjà leurs relations étaient tendues. Boulanger, tout d'un coup, quitta brusquement Clémenceau, traversa le salon à grands pas, les jambes écartées, comme il marchait toujours, et sortit sans prendre congé. La rupture était définitive.

Je remonte plus haut dans mes souvenirs. C'était au collège de Nantes. Il était dans une classe au-dessus de la mienne. Mais nous nous rencontrions souvent. Il arrivait dans « la Bouillassé », l'omnibus de la pension Bouyer où il avait été placé avant son internat au lycée. Très gai, bon vivant, il il était fort aimé de ses condisciples et très lié avec l'un d'eux, nommé Janmar.

Comme c'est loin ! Pour se mettre en harmonie avec mes idées, le temps est triste. Il pleut encore. Il pleuvra donc toujours.

Nous traversons la rivière du Penzé sur un magnifique pont métallique long de 250 mètres, haut de 30 mètres, pouvant laisser passer sous lui les navires avec leurs hautes mâtures, comme le pont de la Roche-Bernard.

Appareillage pour Roscoff où nous nous rendons directement, brûlant Saint-Pol-de-Léon, que nous verrons au retour.

Roscoff est une ville du xve siècle restée intacte. D'anciennes gentilhommières du temps de Marie Stuart se sont changées en maisons bourgeoises.

Sur la plage, des rochers semblent formés par des accumulations de pierres portées là par des bras vigoureux.

L'ilot de Batz est à peu de distance de la côte. C'est une île basse, grise, mélancolique, avec un phare qui semble, la nuit, une des lumières du Petit Poucet. Saint Pol, venant de Léon, dit la légende, y tua le dragon qui ravageait la région, et frappant énergiquement le sol de son bâton (batz) fit, au grand étonnement de tous ceux qui

Clocher de Roscoff.

l'entouraient, surgir pour les hommes de la côte une source bienfaisante.

Près de l'église de Roscoff, un très curieux ossuaire de la Renaissance, avec fenêtres ajourées ; tout à côté, les gamins insouciants chantent et dansent des rondes. Fauchés par la Camarde, eux aussi auront un jour leur tombe dans l'herbe du cimetière.

Elle s'appelle Notre-Dame de Croatz-Batz, cette petite et pauvre église gothique du xive siècle, à laquelle des clochetons coiffés en dôme donnent l'aspect mauresque.

A l'intérieur, le regard s'arrête devant quelques sculptures en bois, des bas-reliefs en albâtre et des fonts baptismaux, taillés dans un bloc de granit.

Tout cela est d'un aspect morose et morne comme le ciel gris qui semble une immense coupole dépolie au-dessus de nos têtes.

Roscoft montre de vieilles maisons du moyen âge aux lucarnes sculptées, et quelques vestiges de la chapelle de Saint-Ninien, bâtie en 1548, en souvenir du débarquement de Marie Stuart qui, dans tout l'éclat de sa juvénile beauté, venait rejoindre le Dauphin, son fiancé, sur le sol du « plaisant pays de France ».

Non loin de l'église, nous entrons dans un établissement de zoologie expérimentale où l'on peut étudier sur le fait les mœurs des mollusques et des araignées de mer. Un vieux savant le dirige avec un élève sous ses ordres, et paraît, au milieu de ses recherches, le plus heureux du monde. La science! quel refuge et quel remède contre les tristesses de la vie! Le travail vous absorbe et les bruits du dehors n'arrivent à vous que très affaiblis.

Roscoff est la ville des primeurs. Ses légumes, d'une grosseur prodigieuse, asperges, artichauts et choux-fleurs, sont célèbres en Bretagne et ailleurs.

C'est aussi le Menton du Nord : il n'y fait jamais trop chaud, jamais trop froid, quel rêve! Son climat est doux en hiver comme celui des Tropiques — avec, en été, les ardeurs torrides en moins. — C'est une station d'été et une station d'hiver, puisque les palmiers du Midi y poussent pêle-mêle avec les sapins du Nord. Cette température privilégiée est due, sans doute, au *Gulf-Stream*, ce courant de l'Atlantique qui transmet aux côtes du

Roscoff. Maison et chapelle de Marie Stuart.

Finistère la chaleur acquise sur les côtes du Mexique.

Le vivier, près de la chapelle, est rempli de homards et de langoustes venant d'Espagne. Ce parc, qui a tout ce qu'il faut pour chatouiller les papilles des gourmets, appartient à une société privée ; il fait des expéditions dans le monde entier.

Les habitants de Roscoff s'appellent Roscovites, un nom russe comme on dit Moscovites pour les habitants de Moscou. Ce sont eux les marchands d'échalotes de Paris.

A coup sûr Roscoff a été peuplé par les Yvon, les Guiadic, les Quemeneur. Ils y ont fait souche. Leurs noms s'y retrouvent sur toutes les enseignes.

A deux cents mètres, le long de la côte, près du port, une pointe de rochers se détache. Sur ce tertre rocheux, vrai promontoire, une petite chapelle blanche s'élève, solitaire. Quels souvenirs se rattachent à ce sanctuaire ? Je l'ignore. Est-ce la chapelle des adieux où les femmes vont prier pour ceux qui viennent de partir ? Est-ce sur ce promontoire élevé que les femmes viennent attendre les marins ? *Pontum adspectabant flentes*, disait déjà Virgile.

En face, au large, se profile l'île de Batz (ou du Bâton); on n'y rencontre guère dans les rues que des femmes. Intrépides matelots et pêcheurs de pro-

Vieilles maisons à Roscoff.

fession, les hommes sont toujours au loin, sur la mer, à lutter contre elle pour la vie.

Sur la route de Saint-Pol, nous croisons le figuier légendaire : il s'étale soutenu par quarante piliers de granit, dans l'enclos des Capucins. Mais l'entrée n'est pas libre. Nous sommes pressés, nous nous contentons de la vue extérieure et nous passons.

Le conducteur de notre carriole, avec qui nous lions conversation, nous parle de la vie tranquille qu'on mène à Roscoff. L'hiver, à six heures et demie, toute la ville sommeille. Il est beaucoup question, en ce moment, d'un garçon boucher, nommé Gourvennec, qui a une voix charmante, et qui dans six mois doit venir à Paris : sera-ce le grand ténor de l'avenir ?

Continuant notre route vers Saint-Pol, nous passons devant Kersaliou, une vieille gentilhommière, moitié ferme, moitié manoir. Vainement nous cherchons à y entrer ; un chien, vrai cerbère, nous chasse par ses aboiements. Nous devons nous contenter de voir de loin les tourelles, les fenêtres à croisillons et les grosses sculptures de sa massive façade. On nous dit qu'il y a là, à l'intérieur, de beaux spécimens de meubles bretons.

Nous voici à la ville sainte de Saint-

Pol-de-Léon; l'ancienne ville des évêques n'a de curieux que ses deux églises.

L'une surtout, édifice moyen âge, où se mêlent le roman et le gothique, véritable modèle conservé par de nombreuses et intelligentes restaurations.

Saint-Pol-de-Léon. Figure de la cathédrale.

C'est l'ancienne cathédrale avec sa cloche miraculeuse qui guérit les maux de tête. On nous montre cette cloche peu élégante, très massive; on la fait sonner, quel tapage! Je crois bien qu'elle arrivait à guérir la migraine par la surdité. La porte des catéchumènes est du XIIIe siècle. Magnifiques les soixante stalles de 1512; les abouts sont superbes, les « grotesques » des accotoirs très amusants, et très anciennes les petites boites du chœur avec leurs inscriptions.

Un orgue avec damier n'est qu'un habile trompe-l'œil. Que de curieux détails encore! La rosace superbe au-dessus de laquelle s'élève la fenêtre de l'excommunication, un palmier en forme de crosse qui sert de potence à la pixyde (sorte de saint-ciboire), et la statue en marbre de Mgr Visdelon, évêque de Léon.

Sur les voûtes d'une chapelle se voient des peintures très-anciennes : la Trinité avec une figure à trois visages en forme de trèfle avec trois yeux. Légende bretonne, caractères gothiques :

Ma Douez! (Mon Dieu)

Malheureusement les vitraux sont modernes, criards de coloration. Ils contrastent tristement avec les vestiges du passé.

Je vais voir l'autre église de Saint-Pol-de-Léon, celle du Creiz-Ker ou église du centre, en vieux celte : c'est la chapelle du collège. Comme style, du bon gothique flamboyant. Le clocher, une vraie dentelle de pierre, le

Le Kreisker (Saint-Pol-de-Léon).

plus haut des clochers à jour de Bretagne, a quatre-vingts mètres. Au sommet, une flèche octogonale, s'enfonçant dans quatre clochetons et reposant sur une tour carrée à trois étages percés de hautes fenêtres. Les armes de l'évêque Jean Prigent forment les clefs de voûte. On marche sur de larges dalles de granit. Au fond de l'église, s'incrusté dans le mur une belle rosace gothique; une jolie légende veut qu'elle ait été construite par une jeune fille paralytique qui avait fait vœu de l'édifier si elle guérissait.

J'achète chez un vieux gentilhomme une table Renaissance qui ornera mon salon de Paris et je vais faire un tour à Paimpol, une petite plage distante de deux kilomètres, le pays natal du critique d'art Armand Dayot, je crois.

Le soir arrive, nous rentrons à Morlaix.

MORLAIX

2 octobre.

Dès le matin, nous reprenons nos visites de la ville. Est-elle assez pittoresque, cette ville bretonne en retard de deux siècles sur le progrès! La Grande-Rue surtout est typique. Les maisons à pignons et à toiture surplombant ont gardé leur aspect du moyen âge avec leur niche où subsistent encore des statues de grotesques. Quelques-unes sont dites maisons à « lanternes », parce qu'au centre se trouve une cour que ferme un toit éclairé par le haut; on se dirait dans un pigeonnier. Dans la Grande-Rue, des boutiques sombres avec auvents. Pas d'étalage, de larges ouvertures. Dans le clair-obscur de ces culs-de-basse-fosse on mesurait, au bon vieux temps, la toile à l'aune. Les acheteurs n'y voyaient guère, et les marchands drapiers ne s'en trouvaient peut-être pas plus mal.

Les anciens comptoirs du xvi° siècle ont été conservés, ainsi que les cuisines enveloppées de boiserie, en chêne noirci par le temps.

A remarquer les balcons, les portes d'allées, le vaisselier couvert d'admirables sculptures. L'art était alors partout, chez les bourgeois comme chez les nobles. La maison à « lanterne » du lord de Pembrock, avec un escalier du xvi° siècle, d'une élégance inouïe, une boiserie lambrissée à serviette, est aujourd'hui la maison Perin, portant le n° 13 de la Grande-Rue.

Au marché on débite des fouaces qui n'ont rien de nantais et ne sont autre chose que les échaudés de la Vendée. En face du marché se tient un lavoir où les ménagères de la ville viennent faire leur lessive. La langue y marche en même temps que le battoir.

Dans la rue du Mur, au n° 33, se dresse la façade ouvragée de la maison de la duchesse Anne. Deux étages avec fenêtrage continu séparé par des colon-

Escalier de la maison de la duchesse Anne (Morlaix).

nettes; à l'intérieur, une belle cheminée à manteau. La rampe sculptée tourne autour d'un superbe escalier du xve siècle. La chambre de « la bonne duchesse », qui fut si populaire, conserve encore ses lambris à parchemin déroulé. Que de croquis les artistes ont pris de cette maison aujourd'hui occupée par un marchand d'antiquités qui a fait, avec elle, un beau cadre à ses curiosités !

Et toujours et partout, dans cette ville en pente, aux jardins suspendus, on a la vue du viaduc, travail digne des Égyptiens qui édifièrent les Pyramides et le Sphinx de Memnon. Ce pont gigantesque est l'un des chefs-d'œuvre de l'art industriel. Il a 284 mètres de haut et réunit deux collines. Il est à deux étages, travail vraiment prodigieux, dû à l'ingénieur Fenous. Les arches superposés, qui se découpent sur le ciel, autant de merveilles de hardiesse.

Le port avec ses bureaux de tabac (*Butun mad.*, disent les Morlaisiens), ses navires, ses maisons modernes, ne me dit pas grand'chose. La très impor-

A Morlaix. Vieilles maisons de la porte de Vignes.

tante manufacture de tabacs est un

bâtiment sans caractère. Elle fait,
comme cigares, des petits morlaix que
je n'apprécie guère. Autant fumer du
rotin, comme nous faisions jadis au
collège. Le tirage est plus facile.

Sur le quai de Tréguier, en face,
quelques maisons à pignons ardoisés
sont protégées par des arcades qui ont
une bizarre dénomination : les Lances.
Ce sont les piliers de Tréguier. Voici
la rue Gambetta ! Comme ce nom détonne ! On ne comprend, au milieu
de cette antique cité, que la rue des
Rochers, la rue des Nobles, la ruelle
au Son, la rue du Pavé, la rue au Fil,
la venelle des Prêtres, la rue Basse et
la place de Viarmes. Pas de noms, mais
des désignations comme au moyen
âge. Avant de partir, nous commandons des crêpes parfumées à la fleur
d'oranger. Si légères, si minces, ces
crêpes, qu'il en faudrait plusieurs pour
arriver à l'épaisseur d'une feuille de
papier. Impossible de les réussir sans
un tour de main particulier. Nous
allons chez la bonne faiseuse qui demeure à un quatrième étage. Elle sait

mieux que personne lancer la pâte sur la poêle perpendiculaire, où elle se fige sous la forme d'une peau séchée.

A dix heures, nous déjeunons en hâte. Pas le temps de se recueillir. Ah! ces départs précipités! Le voyageur, pareil à un juif-errant, assimilé à un colis qui, n'étant pas fragile, peut être bousculé sans inconvénient. Tel est notre cas au moment où nous montons dans le train.

Nous sommes déjà sur le viaduc, Morlaix se déroule devant nous comme une coulée d'habitations humaines entre les deux collines. Le panorama est splendide. Un point noir pour la robe, une tache blanche pour la coiffe, ainsi nous apparaissent les ouvrières se rendant à la manufacture de tabacs.

Mais bientôt les vieilles maisons s'effacent. Adieu la cité d'Émile Souvestre! Nous sommes en pleine campagne; on n'entend plus que le ronron du train glissant sur les rails.

SAINT-BRIEUC

2 octobre.

Nous traversons les Côtes-du-Nord. Il me faudra, ce soir, sur un coin de table, dans un café, transcrire et classer ces notes, car nous devons visiter Saint-Brieuc entre deux trains. Une halte courte suffira ; voir vite, c'est souvent recevoir une impression exacte. En photographie, l'instantané vaut mieux que la pose prolongée.

A notre arrivée, nous prenons comme guide le premier gamin venu. Il marche à côté de nous et paraît fier de son rôle.

La cathédrale, dédiée à saint Étienne, semble une forteresse du xiiie et du xive siècle, détériorée au xviiie siècle. On y voit encore les mâchicoulis et les tronçons des tours qui ont servi, pendant le siège mémorable, à la défense des troupes d'Olivier de Clisson le Connétable.

Une des particularités de cette

Saint-Brieuc. La Cathédrale.

étrange église est le chœur central abrité par des glaces sans tain. Ennemis des courants d'air, messieurs les chanoines. La prudence est la mère de la santé.

L'église semble déserte; nos pas retentissent, graves et sonores, sur les grandes dalles du sol.

Çà et là, quelques tombeaux d'évêques et, sous l'arcade, d'un curieux effet, un bénitier massif de l'école gothique. Quant aux vitraux, c'est de l'imagerie d'Épinal sur verre. Toujours pittoresques, ces fenêtres enluminées, qui, cependant, laissent filtrer quelques rayons d'arc-en-ciel.

Le magnifique buffet d'orgues, en ce moment ouvert, est du style de la Renaissance. J'aime et je comprends les orgues, même modernes. Le son de cet instrument, le soir, dans les églises, produit sur moi une vive impression. Je me rappelle les grandes orgues de Lausanne et de Fribourg, qui ont des accents tour à tour graves, solennels et terribles. L'orgue est le véritable, le seul instrument de la musique religieuse.

Comme partout, en Bretagne, les

porches de Saint-Étiennne sont vides. Brisées, les statues, par les divisions politiques ou religieuses !

Station à la sortie. Au dehors, des échoppes ont poussé, comme des verrues, entre les contreforts de l'église. Nous nous arrêtons pour dessiner sur notre album de voyage une figure grotesque, enfoncée dans un pan coupé. Un homme qui a mis culotte bas. Ce petit personnage rabelaisien, appelé saint Chioux dans le pays, amuse tous les visiteurs. On dit qu'il se prélasse sur un pot-de-chambre.

Le long de la rue Saint-Jacques, quelques maisons anciennes à auvents. Saint-Brieuc est la ville de Poulain Corbion, le procureur de la Commune en 1792, dont les Briochins ont voulu faire le rival du Rennais René Leperdit. Le maire républicain a sa statue sur une place. Ce n'est pas un héros de la politique, c'est plutôt une victime. Comme on le pressait de crier « Vive le Roi ! » il cria : « Vive la République ! » et paya de sa tête, le 27 septembre 1789, ce défi audacieux.

Peu ou point de curiosités à Saint-Brieuc. On a tout démoli. La ville est maintenant moderne; quelques vieilles bicoques, dans la rue de la Clouterie, adossées à une église. Çà et là, rue Fardel, sur les façades, des frises tristement rognées et des statues brisées.

Nous nous promenons le nez en l'air, à travers la ville, à la découverte, mais sans rien découvrir. Au coin d'une rue, un petit oratoire d'encognure nous frappe. Il est d'une simplicité antique : devant une Vierge en bois, grossièrement enluminée, des fleurs dans un pot de moutarde de Dijon. *O sancta simplicitas !*

Nous passons devant le café Coppée. Est-ce un souvenir du charmant poète-académicien, un Parisien de Paris, qui vient, chaque année, en Bretagne et a une tante à Quimper?

Saint-Brieuc possède un théâtre, mais quel théâtre ! Sur les murs, les affiches d'une troupe de passage annoncent *Niniche* et les *Boussigneul*. Ce sont des nouveautés pour Saint-Brieuc.

Aux étalages des pâtissiers, quelques gâteaux plus ou moins secs, plus ou moins rances, ne donnent pas une idée bien avantageuse de la pâtisserie de l'endroit. Peut-être le cru est-il meilleur que nous le supposons?

Sur le Champ-de-Mars — une place assez vaste —, s'élève une statue de Duguesclin, qui me paraît très mal représenter le tenace et aventureux connétable. Tout autour se groupent, par terre, des étalages de chiffonniers. Le marché se tient là, nous dit notre guide.

L'évêché est l'ancienne maison de Quiquengrogue, un nom légendaire que l'on rencontre souvent en Bretagne et qui devait servir de titre à un roman de Victor Hugo, resté à l'état de projet.

Çà et là, des mascarades grotesques aux maisons : rue Saint-Jacques, un joueur de biniou, à la trogne réjouie ; un roi n'ayant plus que sa couronne et sa tête ; un saint Georges incomplet — on n'aime pas les restaurations à Saint-Brieuc.

Nous faisons une visite à l'oratoire de Notre-Dame de la Fontaine fondée par saint Brieuc et reconstruite il y a soixante ans par une pieuse demoiselle. A l'extérieur, pierre tumulaire et statue, encastrée dans le mur, de sainte Ossuaire, qui n'est autre qu'une dame de la Morandaye, morte en 1475 et transformée en sainte par un badigeonneur. L'histoire ne manque pas d'originalité.

DINAN

3 octobre.

Au premier abord, la bonne ville de Dinan, sur son rocher de granit, nous frappe par son excellente tenue. La propreté en Bretagne! Voilà, certes, quelque chose de rare.

Dinan, ville de garnison, loge deux régiments de cavalerie, la 10e brigade. De tous côtés, de jolis hussards, serrés dans leur élégant uniforme bleu-de-ciel, et des dragons en bleu foncé.

Ici encore, nous allons retrouver le grand Connétable, type de Breton pur sang, qui reconquit la Normandie sur les Anglais et qui prenait encore des villes après sa mort. Le gouverneur anglais lui apportait les clefs de Châteauneuf-Randon qu'il assiégeait, quand il mourut en 1380. Bertrand Duguesclin a, sur une place de Dinan, une statue style troubadour, aussi mauvaise que celle de Saint-Brieuc.

Au bout d'une longue rue bordée d'un côté de maisons à arcades, nous arrivons aux remparts qui comprennent une quinzaine de tours reliées par des esplanades gazonnées, avec les trois portes de Jerzual, de Saint-Malo, de Saint-Louis.

Ces vieux pans de murs sont pittoresques au plus haut point, ils ne s'appuient sur aucun contrefort. Tourelles percées de meurtrières, portes profondes, grosses tours à mâchicoulis, tout est gris, moussu, lézardé, fendillé, démantelé, effondré, couvert de lierre, le manteau des ruines. Ils ont résisté à la mine ; mais ils n'ont rien de bien effrayant, ces vieux remparts qui s'effondrent et lentement s'écroulent. Jadis, pourtant, ils défendaient la ville du côté de la Rance contre les attaques des Anglais.

Un musée à Dinan ? Mais certainement. Où donc ? A l'hôtel de ville. Et qu'y trouve-t-on ? Des coquillages, des moulages, des masques de Henri IV, de Napoléon Ier, de la tête de Duguesclin prise sur son sarcophage. Le tombeau de Beaumanoir *Bois ton sang*, un des héros du Combat des Trente, peut passer pour authentique. Mais la clef, que l'on dit avoir été fabriquée

Dinan. Le Jerzual.

par Louis XVI, me semble une mauvaise clef du xviie siècle. Quant à la giberne de La Tour d'Auvergne, ne serait-elle pas une giberne arabe ? Comme mystification, cela vaut la carapace de tortue du château de Pau, qui passe pour avoir servi de berceau à Henri IV. Décidément tous les musées de province y passent, et Paris même n'en est pas exempt. Se promener dans les petits appartements de Versailles pour en être bien persuadé.

Voici le collège, un ancien monastère, où Chateaubriand, Broussais et nos contemporains, les celtisants Luzel et Sébillot, ont fait leurs études. Sur la porte, une inscription en lettres d'or perpétue le souvenir des deux premiers, elle est ainsi conçue : « Ici ont étudié Chateaubriand et Broussais. »

Les églises de Dinan, vues rapidement, m'ont paru cependant intéressantes à plusieurs titres.

L'église Saint-Sauveur, classée comme monument historique, est mi-partie romane, mi-partie gothique. A l'intérieur, la Renaissance et le xviiie siècle se mélangent.

Un mausolée ou cénotaphe en marbre blanc renferme le cœur de Bertrand Duguesclin (Du Guesclin,

en son estat conestable de France,

Beffroi de Dinan.

comme porte la vieille inscription).

Est-ce là que le grand Connétable fut marié à Tiphaine, si bonne, si bien douée, cette vertueuse épouse qu'on appelait la fée ?

Un vieux mur roman subsiste tout rongé et mutilé. La porte, du xiie siècle, est ornée de figurines représentant les vieillards de l'Apocalypse ; je crois qu'un moulage de cette porte se trouve au Trocadéro.

Dans l'église se promène un grand jeune homme portant toute sa barbe, il a le type d'un Bourbon. A sa boutonnière, la décoration du pape. Il s'arrête et s'agenouille dans chaque chapelle et paraît prier ardemment. Il semble pris d'angoisse, tant il est prosterné. Tout d'un coup, il aperçoit un prêtre, lui parle bas. Tous deux se dirigent ensemble vers un confessionnal. Sans doute, ce fervent catholique voulait se laver sur-le-champ d'un péché grave qu'il croyait avoir commis. Voilà bien un trait de mœurs de la pieuse Bretagne.

La porte de Dinan est placée où on ne s'aviserait pas d'aller la chercher, au bout de la ville, de l'autre côté de la gare, au milieu de la rue Jerzual.

Dinan.

C'est une tour percée d'une ouverture ogivale.

Nous nous rapprochons des remparts, vieilles murailles féodales, percées de portes, flanquées de tours. De l'une de ces tours, la tour Sainte-Catherine, tout au bout de la promenade, se déroule un admirable panorama. Au premier plan, les circuits de la petite rivière la Rance; puis des collines boisées, des châteaux enfouis dans la verdure dans toutes les directions et, reliant Dinan à Lanvalley, un viaduc gigantesque, moins beau pourtant que celui de Morlaix, qui est à deux étages.

Sur la plate-forme de cette tour, on se croirait dans la nacelle d'un ballon qui viendrait de quitter la terre

A voir ces antiques murailles, bordées de jardins fleuris, Émile Souvestre a dit que Dinan ressemble à une jeune fille essayant une armure par-dessus une robe de bal.

La tour de l'Horloge renferme une cloche donnée par la duchesse Anne. La duchesse Anne, la bonne duchesse, deux fois reine de France, on la trouve partout en Bretagne, et même ailleurs, à Blois et à Lyon. Elle avait sa cour de gentilhommes, de poètes, d'artistes, qui la suivait dans ses nombreux voyages.

Le costume des femmes de Dinan, corsage serré aux couleurs vives, coiffe à ailes, est pittoresque.

Certaines rues ont des noms bizarres, empruntés sans doute aux demeures qui les bordaient jadis : rue de la Ladrerie, rue de la Lainerie et de la Poissonnerie. Cela ne vaut-il pas mieux que de baptiser les rues d'un nom, auquel on ne tarde pas à en substituer un autre, suivant les enthousiasmes du moment?

Un souvenir historique : la place Duguesclin, un ancien champ clos, fut, en 1359, le théâtre d'un combat singulier entre Duguesclin et Thomas de Canterbury qui, au mépris de la trêve, avait fait enlever Olivier, frère de Bertrand. Le duel eut lieu sur la place du Marché devant les Anglais. Duguesclin fit mordre la poussière à son adversaire. Pour punir Canterbury de sa félonie, ses propres compagnons d'armes le chassèrent.

Nous visitons encore le château transformé en prison. Ce vénérable

Dinan. Le Château.

donjon de l'architecture militaire, bâti au xive siècle, est flanqué de deux énormes tours, la tour de la reine Anne et le donjon de la tour Coëtguen.

Celle-ci renferme une salle remarquable. Quant à la tour de la reine Anne, on y monte par un escalier en spirale : au premier étage, les cuisines et les réfectoires; au deuxième étage, la salle des gardes et celle du duc; au troisième étage, la chambre du Connétable ; au quatrième étage, la salle du guet, d'où le veilleur plongeait sur la campagne. Cette sombre demeure a un aspect grandiose.

Une nombreuse colonie anglaise habite Dinan. Dans certains hôtels, on se ressent de cet envahissement britannique. Le personnel est peu aimable, et le voyageur est réduit à la portion congrue. On lésine sur tout. Nous sommes loin des plantureuses tables d'hôte du début de notre voyage.

DESCENTE DE LA RANCE

4 octobre.

Les brumes du matin se fondent peu à peu sous le soleil.

En débouchant sur le quai, nous entendons le coup de sifflet de la sirène qui annonce le prochain départ du *Petit Duguesclin*. Tel est le nom très dinanais du pyroscophe qui va nous emmener.

La passerelle est déjà jetée sur le quai. Nous sommes à bord. Le prix ordinaire du voyage est de 4 francs; mais, comme il y a fête à Saint-Servan, le tarif est réduit; on ne paie que 3 francs pour l'aller et retour. Aussi les passagers sont nombreux.

Nous voilà en route.

L'eau est si basse que l'hélice du bateau soulève des brouillards de boue. Cette eau a une couleur terreuse qui nuit un peu à l'effet des jolis méandres tracés par la rivière.

Nous passons devant la villa de la princesse Radziwill. Toute une histoire, tout un roman d'amour, se lie à cette demeure. La princesse donnait des leçons de piano en Russie. Séduit par son talent et par son charme, le prince l'épousa contre le gré de l'Empereur, qui ne voulut jamais reconnaître le mariage. Son mari dut la quitter, et lui constituer une rente. Elle vit maintenant retirée dans son élégante demeure.

Le brouillard du matin, se condensant peu à peu, se dissipe à la surface de l'eau, dans laquelle se mirent les tourelles pointues des castels et des nombreux manoirs féodaux. La rivière fait de nombreux circuits et ces courbes capricieuses rappellent, par instants, la descente du Rhin. On n'y voit pas les ruines sublimes des burgs rhénans, non; mais de vieilles tourelles, des chalets élégants, des sites pittoresques, des collines boisées, une nature calme, naïve et pleine d'originalité, un joli décor d'opéra-comique. Emplissons nos yeux de ce spectacle.

C'est sur ces bords riants que les légions victorieuses de César dressèrent leur camp.

Plus loin la plaine de Taden — presque un lac — sur lequel volent des canards.

Maintenant ce sont les rochers rougeâtres de Fournoy qui bordent la rive.

Le *Petit Duguesclin* continue à glisser doucement comme un cygne sur l'eau. C'est ici que les bateliers baptisaient jadis ceux qui faisaient pour la première fois le voyage ! Un petit passage de la ligne, où le vin coulait plus que l'eau.

Il faut franchir l'écluse du Châtelier qui marque la séparation de la vieille rivière avec la mer. Notre steamer est dans la passe. Il s'enfonce peu à peu, nous sommes de niveau. Puis l'écluse est ouverte, nous pouvons repartir.

Sur la rive émergent des roches bizarrement découpées et couvertes en partie par du lierre. Ne seraient-ce pas des ruines romaines ? Nous passons sous le viaduc de Lessart qui a 25 mètres de haut et conduit à Lam-

Sur la Rance.

balle. Le manoir de Châtelier apparaît avec ses belles terrasses.

Puis ce sont des havres vaseux, de fraîches et riantes coulées de verdure, des tours en miniature, d'étroits défilés, un lac tranquille, des coteaux chargés de vigne, des collines arides, des chantiers de construction. Que d'aspects variés en peu d'espace !

Le léger bateau continue à marcher doucement, comme un alcyon plane sur l'eau. Là-bas, le long de la berge, trottent les voitures des villandières qui vont à Saint-Malo vendre leurs provisions.

La Rance s'élargit et l'Île-aux-Moines occupe le milieu de la rivière. Elle n'est guère habitée que par la gent trotte-menu.

Puis c'est Jouvente-de-la-Tour qui a inspiré une nouvelle à Paul Féval, et la maison à façade de bois de l'Égorgeur qui fricassait des piastres dans de la pâte pour les jeter brûlantes, par ses fenêtres, au peuple cupide.

Voici les collines verdoyantes de la Briandais et de la Richardiais, Saint-Servan avec la vieille tour de Solidor.

Voilà Dinard, le Trouville breton. Sa plage nouvelle est très fréquentée, avec sa mer bleue comme celle de Naples et son promontoire de rochers élevés où s'accrochent tant de villas élégantes. Enfin le rocher de Bizeux, d'où partira un jour un pont gigantesque qui réunira les deux rives. En face, posé comme un nid d'alcyons, le château de la Roche-aux-Mouettes, au vicomte de Kergariou.

Nous doublons la pointe de Saint-Servan et nous distinguons, au loin, le Grand-Bey qui porte le tombeau de Chateaubriand.

La vue est magnifique, le temps splendide; le soleil rit sur la jetée, éclairant les maisons grises. Le corset de murailles qui enserre Saint-Malo est d'aspect uniformément, absolument gris. On dirait, à distance, d'une de ces villes du moyen âge que l'on voit peintes dans les tableaux des primitifs italiens ou français du xve siècle.

Nous débarquons d'abord quelques passagers à Dinard. Il y a vingt ans, nous y débarquions aussi! nous étions plus jeunes, hélas!

Nous virons de bord, nous mettons le cap sur Saint-Malo.

SAINT-MALO

C'est la ville de Duguay-Trouin, de Surcouf et de vingt corsaires qui ont fait trembler les Anglais, sous l'Empire, par leur audace à percer le blocus. Pourquoi Napoléon Ier n'y est-il jamais venu?

Comme armoiries, un champ d'argent à un dogue de gueules.

Encore aujourd'hui, les Malouins gardent leur réputation de marins intrépides. Les souvenirs affluent pendant que monte aux lèvres le vieux refrain :

A Saint-Malo débarquez sans naufrage...

Mais la médaille a son revers et un vilain revers. Saint-Malo est une ville sale, des éviers déversent les eaux grasses et le reste dans le ruisseau. L'égout est inconnu.

La cathédrale est assez peu intéressante. Au dehors, une grosse masse avec de lourds contreforts et une fenêtre ogivale à trois arcatures. Au dedans, des reliques de Saint-Malo.

En ville, on prépare la fête du Rosaire. Comme la procession va parcourir les rues, des reposoirs s'élèvent de tous les côtés. Sur les marches de l'autel improvisé on dispose des fleurs, des flambeaux d'argent, de vieux tapis. Comme toile de fond de cette mise en scène, s'étayent des rochers de toile peinte.

Nous faisons le tour des remparts qui ne sauraient défendre, aujourd'hui, la ville contre le canon, mais la protègent des coups de mer pendant les tempêtes de l'hiver. Avec les bastions à échauguettes de Vauban, ils enserrent Saint-Malo et l'empêchent de s'agrandir. J'avais gardé de cette promenade, déjà faite autrefois sur la plate-forme des courtines, un souvenir peu parfumé; mais je la recommence avec plaisir et elle m'apparaît ce qu'elle est, extrêmement pittoresque sous un soleil splendide.

D'un côté des remparts à la patine séculaire, percés comme les sabords des vaisseaux, une vue sur la mer. De l'autre, il semble que l'on suit un balcon surplombant une fenêtre ouverte

Saint-Malo.

sur les maisons de la ville. Quelle vue! Quelle perspective! Au loin le fort de la Varde ; à peu de distance de la Conchée, un îlot fortifié, les batteries désemparées de l'île de Cézembre, la perle de la rade. Plus à gauche, le Grand-Bey, avec le tombeau de Chateaubriand, préparé depuis 1828, élevé en 1848. Ce tombeau que n'ombragent ni un arbre, ni une fleur, est des plus simples, comme celui de Napoléon Ier à Sainte-Hélène. Il se compose d'une pierre sans sculpture, sans inscription, surmontée d'une croix de granit, entourée d'une grille en fer, d'un gothique troubadour, bordant de très près la dalle funéraire et portant, aux coins, des pommes de pins, qui furent les premières armes de Chateaubriand. C'est là que l'auteur des *Martyrs* et d'*Atala* repose, aux termes de son testament, sous la protection de ses concitoyens, bercé par le vent et les flots.

La rade s'étend à nos pieds. Nous distinguons la côte de Saint-Enogat, les rochers de Dinard, au-dessus de la belle plage sablonneuse, où se dressent les rangées de cabines des baigneurs en villégiature.

Puis c'est Saint-Servan, l'ingénieux pont roulant et la tour Solidor, vieille tour féodale, la Bastille du pays qui a longtemps servi de prison.

Que de changements à Saint-Malo,

depuis vingt ans! Le vieil hôtel de France, avec sa chambre où naquit

Saint-Servan. Tour Salidor.

Chateaubriand, s'est transformé. Il est élégant et propre. Les voyageurs ne partagent plus, comme jadis, leurs chambres avec les rats.

Les vieilles rues sont aujourd'hui bordées de beaux magasins, où se trouvent toutes les élégances du luxe le plus raffiné. Trop de modernisme, peut-être, maintenant autour de la place du Pilori!

Mais malgré les étrangers, les tramways et le casino, Saint-Malo conserve, au moins, sa physionomie de vieille ville maritime, avec ses grands et hauts hôtels qui s'élèvent par-dessus les courtines pour apercevoir la mer. Ils ont été bâtis aux XVII° et XVIII° siècles par les armateurs du temps, que la traite et la course enrichissaient.

A chaque pas se retrouvent de précieux souvenirs. Lamennais est né rue Saint-Vincent; Mahé de la Bourdonnais, dans la rue qui porte son nom; Duguay-Trouin, rue Jean-de-Chatillon, dans une maison dont la façade n'est qu'une large verrière.

Elle est là, toujours menaçante, à l'angle du château, à côté de la porte de Saint-Thomas, la vieille tour de Quiquengrogne. Elle mettait fort mal à l'aise les Malouins. La duchesse Anne l'avait fait élever comme une menace de châtiment pour les rébarbatifs, qu'elle avertissait par l'inscription :

> Qui-en-grogne
> Ainsy sera,
> C'est mon plaisir.

Les marins grognaient comme des dogues, mais se soumettaient.

PARAMÉ

Je veux aller revoir Paramé, que j'avais quitté petit village, que je retrouve station balnéaire importante, avec une superbe jetée plantée d'arbres, et un petit Decauville allant jusqu'à Rotheneuf.

Paramé possède maintenant une centaine de villas de styles variés, égrenées sur la plage. Voici la maison indienne que le prince de Galles, séduit par ses minarets à dômes rouges, a fait transporter là, après l'Exposition de 1878. Voilà un chalet gothique, des castels moyen-âge et des maisons normandes. Tous les styles et toutes les époques, suivant les préférences des architectes. Nous sommes à Trouville ou à Ostende. Ce n'est pas là un de ces petits trous pas chers que vante le *Petit Journal* et où les recettes sont si maigres que l'on est, malgré tout, souvent égorgé comme au coin d'un bois par les aubergistes du cru.

Un immense hôtel de très bel aspect moderne, en briques et pierres blanches, justifie absolument son titre de Grand-Hôtel. Ce vaste caravansérail a 360 chambres, plusieurs corps de bâtiments, un casino gigantesque où rien ne manque, boutique de pâtissier, café, cercle, salle de spectacle. « Toujours plein, me dit le cocher, ce vaste établissement, pendant la saison. » Elle ne dure que cinq à six semaines, mais très brillante; les artistes de l'Opéra, de la Comédie-Française, de l'Opéra-Comique, se font applaudir au Casino. Les bals et les fêtes s'y succèdent.

Le dernier bal est encore affiché. C'est le 19 septembre, qu'on a dansé les dernières valses; et dire qu'autrefois, devant l'endroit où s'élève la terrasse de l'hôtel, on se baignait *in naturalibus!* Les femmes se déshabillaient, protégées contre les regards indiscrets par un drap qu'elles faisaient tendre en cirque autour d'elles.

Mais nous ne pouvons nous attarder. Paris nous réclame, nous allons à la garé, c'est la dernière station de notre voyage qui s'achève.

Je m'étais habitué à cette vie roulante, à ces déplacements continuels, à ces panoramas toujours changeants. Adieu, hôtels qui gardez trop les traces de vos nombreux voyageurs ! C'en est fait des nostalgiques réveils et des tables d'hôte cosmopolites. Adieu, omnibus dont les ressorts grinçaient sur le pavé cahoteux des petites villes ! Adieu, notes salées par des hôteliers rapaces ! Adieu, employés grincheux et insolents ! Adieu, domestiques mendiant au départ ! L'odyssée de notre voyage est terminée. Il faut rentrer. Paris nous guette, nous attend.

C'est le collier de travail et de misère que je vais remettre ; c'est la lutte pour la vie qu'il faut reprendre, hélas !

Sept heures de trajet.

A la gare Saint-Lazare, je défile entre deux rangées d'employés de l'octroi.

— Vous n'avez rien à déclarer ? me

dit un de ces employés, en palpant mon sac de voyage.

— Si, un cahier de notes instantanées sur la Bretagne.

6 octobre 1891.

Costume breton.

www.ingramcontent.com/pod-product-compliance
Lightning Source LLC
Chambersburg PA
CBHW071949160426
43198CB00011B/1613